## FELICITACIONES PARA
## MENTALIDAD DE INDAGACIÓN

"Trevor y Rebecca ofrecen ideas y recursos increíbles que apoyan el aprendizaje del siglo XXI. Centrándose en las pasiones de los alumnos, ofrecen experiencias personales y ejemplos de conceptos de todo el mundo. Este libro es de lectura obligatoria para cualquiera que se pregunte ¿cómo puedo satisfacer mejor las necesidades de mis alumnos? ¡Utilizando ideas, ejemplos y herramientas específicas!"

**—Brian Aspinall,** educador, ponente TEDx y autor del best seller *Code Breaker,* Canadá

"*Mentalidad de indagación* es un libro importante sobre un tema aún más importante. Este mundo en constante cambio necesita más que nunca indagadores y aprendices durante toda la vida. A través de consejos prácticos e historias interesantes, Trevor MacKenzie y Rebecca Bushby ofrecen un proyecto para inspirar y guiar el aprendizaje basado en la indagación".

**—Warren Berger,** autor de *A More Beautiful Question,* USA

"Trevor MacKenzie amplía las ideas de su primer libro con otro argumento potente para el aprendizaje basado en la indagación, desafiando a los educadores a avivar las curiosidades de los alumnos, escuchar sus voces y alimentar sus corazones. *Mentalidad de indagación* ofrece a los profesores consejos, ejemplos, estrategias y recursos prácticos para que puedan superar los desafíos en su propio aprendizaje profesional. MacKenzie lleva a los lectores a sus viajes personales para descubrir cómo pueden convertirse en profesores indagadores. Altamente recomendable para cualquier profesor que quiera aprovechar el potencial de incrementar la agencia del alumno sobre el aprendizaje".

**—Barbara Bray,** autora de *Make Learning Personal* y *How to Personalize Learning,* anfitriona del podcast *Conversations on Learning,* y consultora educativa en *Rethinking Learning,* USA

"¡Qué gran regalo traen Trevor MacKenzie y Rebecca Bushby con su nuevo libro, *Mentalidad de indagación*! Esta guía exhaustiva apoya a los profesores a todos los niveles, desde comprender la investigación y las bases teóricas para la indagación, hasta gestionar los detalles más pequeños, incluida la disposición del aula, desarrollar las preguntas de investigación y dirigir a los alumnos a través de un modelo gradual de investigaciones auténticas. A los autores les gusta ofrecer lo que ellos llaman provocaciones, una experiencia diseñada para estimular el pensamiento, provocar las preguntas, la implicación, la curiosidad y el asombro con nuestros alumnos. Lea *Mentalidad de indagación*, disfrutará mucho".

**—Harvey "Smokey" Daniels,** autor de
*The Curious Classroom*, USA

"En su continuación al altamente aclamado libro *Sumérgete en la indagación*, da vida a su filosofía sobre el aprendizaje (y la enseñanza). *Objetivos educativos confusos* como el *aprendizaje personalizado* o *aprovechar la voz* y la *elección* del alumno cobran vida a través de una historia cautivadora, llena de una combinación perfecta de idealismo y aplicabilidad. Cada capítulo está repleto de anécdotas, recursos y *sketchnotes* que impactarán al lector, ayudando a los docentes a adquirir las herramientas y la comprensión necesarias para conseguir lo que más valoramos en la educación -honrar a cada alumno como persona única con sus pasiones, talentos y curiosidades esperando a que se alimente y explore de forma más significativa en el aula. Obtenga hoy su copia de *Mentalidad de indagación*... ¡no le decepcionará!"

**—Sylvia Duckworth,** consultora EdTech, autora de
*Sketchnotes for Educators*, Canadá

"Dar sentido a los pasillos de nuestro colegio, relevancia en nuestras aulas y autenticidad a nuestros alumnos son todos los frentes de la transformación educativa de la que estamos siendo testigos en el mundo. Después de leer el magnífico libro de Trevor MacKenzie y Rebecca Bushby, supe que éramos almas gemelas en el mundo de la educación. Este libro está lleno de pasos inspiradores para empoderar a los alumnos. ¡Es un libro que hay que leer!"

—**Amy Fast,** subdirectora, autora de *It´s the Mission, Not the Mandates*, USA

"*Mentalidad de indagación* valida quién soy como profesor y muestra el camino para transformarme en el profesor que realmente me gustaría ser. Este libro lo tiene todo: el qué, por qué y cómo aplicar el modelo de indagación a tu aula. Los autores te invitan a examinar tus propias prácticas, ofrecen soluciones concretas para mejorar tu trabajo e incluso comparten ejemplos prácticos de cómo fomentar la curiosidad y las preguntas en la vida de los alumnos".

—**Lisa Highfill,** profesora, Tech integration coach y coautora de *The HyperDoc Handbook*, USA

"¿Eres un alumno de por vida y quieres lo mismo para tus alumnos? Cambiar la cultura de tu clase es ofrecerles un entorno en el que los alumnos puedan indagar -y encontrar respuestas a- lo que ELLOS quieren saber. *Mentalidad de indagación* ofrece estructuras para lo que muchos docentes de primaria desean, además de infinidad de recursos, historias y ejemplos que los educadores pueden utilizar para crear auténticas oportunidades de aprendizaje que ayuden a fomentar la cultura de indagación. Si ponemos en práctica estas estructuras, hasta llegar a la indagación libre, podemos facilitar momentos lo suficientemente memorables como para desarrollar en nuestros colegios alumnos que aprenden durante toda la vida".

**—Joy Kirr,** autor de *Shift This* y docente valiente de alumnos de secundaria, USA

"*Mentalidad de indagación* es una guía práctica para incorporar la indagación en su aula. Repleto de ideas que le ayudan a plantear preguntas importantes y a desarrollar la curiosidad en sus alumnos. Este libro le ayudará a crear un entorno de aprendizaje que inspira a los alumnos a enamorarse del aprendizaje".

**—Aaron Hogan,** autor de *Shattering the Perfect Teacher Myth*, USA

"Si te encantó *Sumérgete en la indagación* con este alucinarás. Si aún tienes que descubrir el trabajo de Trevor MacKenzie te espera un auténtico regalo. Este es el libro perfecto para mejorar tu enseñanza y prepararte a ti y a tus alumnos para una enseñanza impulsada por los alumnos".

**—Jennie Magiera,** autora de *Courageous Edventures*, USA

"*Mentalidad de indagación* ofrece consejos prácticos y demostrados para que cobren vida en su aula las metas de "la indagación genuina de los alumnos" y "el aprendizaje personalizado". Un libro que entreteje los procesos de indagación asequibles con unos resultados viables. *Mentalidad de indagación* es de lectura obligada para los educadores".

**—Jay McTighe,** coautor de *Understanding by Design ® series*, USA

"¿Qué trabajo quieres? No, ¿qué quieres cambiar en el mundo? Si este es tu enfoque en la educación Trevor y

Rebeca ofrecen un manual de indagación que incluye ejemplos y procesos muy reflexionados. Deja atrás el enfoque -haz lo que tú quieras- a la indagación y ofrece un modelo específico para triunfar incluyendo paradas a lo largo del camino para las preguntas. Este libro te ayudará a cambiar para mantenerte al día con los requisitos exigentes de nuestros alumnos".

**—Mat Miller,** autor/Blogger de *Ditch That Textbook*, ponente, más de diez años en aula, USA

"Si realmente deseas desarrollar una cultura indagadora en el aula potenciada por la curiosidad de tus alumnos, un aula donde ningún alumno tiene miedo a sentarse en el asiento del conductor de su aprendizaje y explorarlo y plantear preguntas, entonces este libro es para ti. Te ofrece consejos e ideas prácticas que te apoyarán para desarrollar tu comprensión y tu enfoque al aprendizaje basado en la indagación, de manera que tus alumnos se sientan cómodos dándole la vuelta al aprendizaje. Trevor MacKenzie y Rebecca Bushby ofrecen una perspectiva de valor incalculable del ciclo de indagación, los tipos de indagación del alumno, los cuatro pilares de la indagación y el papel de las preguntas en el proceso de indagación. Como dijo Albert Einstein "una mente abierta a una idea nueva nunca recupera su tamaño original", y esto es muy cierto en *Mentalidad de Indagación*".

**—Kathryn Morgan,** directora de CPD y Research Based Learning en Prince Albert Community Trust, Birmingham, Inglaterra

"El poder de la curiosidad de los alumnos y de la indagación en el aula no tiene fronteras, y cuando los docentes aceptan las preguntas de los alumnos y las reconocen como puntos de partida del aprendizaje siempre ocurren cosas sorprendentes. Pero ¿cómo podemos controlar las preguntas y la imaginación de nuestros alumnos? ¿Cómo podemos fomentar una cultura que celebra la curiosidad? *Mentalidad de indagación* desmitifica lo que esto significa para los profesores en sus aulas y les ofrece la comprensión necesaria para empoderar a sus alumnos. Un libro conmovedor repleto de métodos inspiradores y a la vez prácticos para honrar las curiosidades de los alumnos. Este libro transformará tu forma de enseñar".

**—Ramsey Musallam,** EdD, Profesor de Ciencias de Secundaria
y autor de *Spark Learning*, USA

"*Mentalidad de indagación* es un libro que afirma rotundamente que no podemos limitarnos a esperar que... suceda la indagación. Por el contrario, es importante fomentar deliberadamente una mentalidad de indagación en el aula. Una vez comprometidos, existen numerosas maneras de asegurarnos de que la indagación sea una realidad. La pasión de los autores por el compromiso de los alumnos es evidente en cada capítulo ofreciendo amplia variedad de herramientas y métodos familiares e innovadores que pueden contribuir a fomentar la indagación en cualquier aula. En última instancia, esto puede conducirnos hasta el resultado más importante: aprendizaje genuino autodirigido".

**—Dan Rothstein,** autor de *Make Just One Change*, USA

"Trevor MacKenzie hace un seguimiento de *Sumérgete en la indagación* con otro viaje inspirador hacia el aprendizaje personalizado en *Mentalidad de indagación*. Este libro está lleno de pasos prácticos y profundos para incorporar el aprendizaje basado en la indagación en tu aula. Cada capítulo ofrece ideas viables que inspiran, informan y aportan cambios significativos a tus alumnos. Este libro tiene que estar en las manos de los docentes que deseen avanzar de lo viejo a lo relevante".

—**Don Wettrick,** autor de *Pure Genius: Building a Culture of Innovation*, CEO, SartEdUp, USA

"En esta continuación práctica y potente de *Sumérgete en la indagación*, Trevor MacKenzie y Rebecca Bushby comparten la manera de involucrar a los alumnos en el ciclo de indagación. Ofrecen estrategias y casos prácticos que demuestran cómo conseguir el equilibrio entre los resultados académicos esperados y el incremento de la capacidad de los alumnos para generar y perseguir las curiosidades. Este es el distintivo del aprendizaje personalizado en la medida en que nuestros alumnos crecen mediante un incremento gradual de la responsabilidad y a la vez les ofrecemos una estructura y la libertad para indagar libremente".

—**Allison Zmuda,** autor y consultor educativo, USA

# TREVOR MACKENZIE
### CON REBECCA BUSHBY

# MENTALIDAD DE
# INDAGACIÓN

## CÓMO FOMENTAR LOS SUEÑOS, LAS PREGUNTAS Y LAS CURIOSIDADES DE NUESTROS ALUMNOS MÁS PEQUEÑOS

*Mentalidad de Indagación*
© de Trevor MacKenzie con Rebecca Bushby

Para información relacionada con los permisos, contactar con la editorial en info@elevatebooksedu.com

Estos libros están disponibles con descuentos especiales si se compran en cantidades para promociones, recaudaciones o uso educativo.

Para preguntas y detalles, contactar con la editorial:
info@elevatebooks.edu

Publicado por ElevateBooksEdu

Edición y Diseño interior de My Writer´s Connection
Portada diseñada por Genesis Kohler
Autor de la fotografía Sherri Martin

Edición en papel: 979-8-9891489-2-9
Ebook: 979-8-9891489-3-6
Primera Edición: octubre 2023

# ÍNDICE

PRÓLOGO . . . . . . . . . . . . . . . . . . . . . . . . . . . . . . . . . . . . . . . . . . xv

DEFINICIONES . . . . . . . . . . . . . . . . . . . . . . . . . . . . . . . . . . . . . xix

PREFACIO . . . . . . . . . . . . . . . . . . . . . . . . . . . . . . . . . . . . . . . . xxi

El PROFESOR INDAGADOR . . . . . . . . . . . . . . . . . . . . . . . . . . . 1

1: DIEZ RAZONES PARA UTILIZAR EL APRENDIZAJE BASADO
   EN LA INDAGACIÓN . . . . . . . . . . . . . . . . . . . . . . . . . . . . . . . 13

2: EL CICLO DE INDAGACIÓN . . . . . . . . . . . . . . . . . . . . . . . . . 21

3: LOS TIPOS DE INDAGACIÓN DEL ALUMNO . . . . . . . . . . . . 33

4: LA INDAGACIÓN LIBRE . . . . . . . . . . . . . . . . . . . . . . . . . . . 55

5: LOS CUATRO PILARES DE LA INDAGACIÓN . . . . . . . . . . . . 67

6: EL VALOR DE LAS PREGUNTAS EN LA INDAGACIÓN . . . . . 81

7: EXPLORAR E INVESTIGAR: EL BIBLIOTECARIO ESCOLAR
   COMO ALIADO DE LA INDAGACIÓN . . . . . . . . . . . . . . . . . 109

8: HACER VISIBLE LA INDAGACIÓN . . . . . . . . . . . . . . . . . . . . 131

9: DEMOSTRACIONES PÚBLICAS DE LO APRENDIDO . . . . . . 141

10: EL ENTORNO DE LA INDAGACIÓN . . . . . . . . . . . . . . . . . . 167

11: INDAGACIÓN Y EDUCACIÓN INCLUSIVA . . . . . . . . . . . . . 181

12: CONCLUSIÓN . . . . . . . . . . . . . . . . . . . . . . . . . . . . . . . . . . 189

AGRADECIMIENTOS . . . . . . . . . . . . . . . . . . . . . . . . . . . . . . . . 191

BIBLIOGRAFÍA . . . . . . . . . . . . . . . . . . . . . . . . . . . . . . . . . . . . . 193

SOBRE LOS AUTORES . . . . . . . . . . . . . . . . . . . . . . . . . . . . . . 195

MÁS DE ELEVATE BOOKS EDU . . . . . . . . . . . . . . . . . . . . . . . 199

# PRÓLOGO

La publicación del magnífico libro *Mindset: la actitud del éxito*, de Carol Dweck, no solo ayudó a cuestionar y profundizar sobre nuestra comprensión de la naturaleza del aprendizaje, sino que también aportó un término de gran importancia al léxico contemporáneo de la enseñanza. Ahora somos mucho más conscientes del impacto de la *mentalidad* que llevamos al aula. Las hipótesis y opiniones que tenemos sobre nuestro trabajo, sobre la finalidad de la escuela, los alumnosy la propia enseñanza determinan lo que hacemos y decimos. Nuestra mentalidad importa. A su vez, lo que hacemos y decimos tiene un impacto significativo en la mentalidad de nuestros alumnos. El diseño de nuestros espacios de aprendizaje, el tipo de preguntas que planteamos, el grado de elección y de voz que damos a los alumnos, la naturaleza de nuestra colaboración con los demás docentes y el uso de herramientas digitales, entre otros, se unen para contribuir al modo en que nuestros alumnos ven la enseñanza y se ven *a sí mismos* como alumnos.

Llevo más de treinta años defendiendo el empleo de un enfoque educativo basado en la indagación. El trabajo contemporáneo en este campo viene de lejos. Desde Sócrates hasta las obras de Dewey, Bruner, Vygotsky, Freire y otros muchos que cuestionaron el concepto del alumno como un receptor pasivo de información y, en su lugar, concibieron la enseñanza como un proceso activo de *construcción* por parte del alumno. En definitiva, la indagación es la manifestación de esa visión constructivista. Cuenta con una larga e importante historia, e innumerables defensores, pero en muchos colegios aún queda mucho trabajo por hacer para cambiar la *mentalidad* y acabar con las ideas conservadoras sobre el significado de la enseñanza y del aprendizaje.

A lo largo de mi trayectoria profesional, he llegado a comprender lo que ahora parece obvio. Para que los alumnos indaguen de una manera más profunda, constante y divertida, necesitan docentes que, a su vez, sean indagadores. Necesitan profesores que apliquen una mentalidad de indagación en clase.

Tras la lectura del presente libro (y su predecesor, "*Sumérgete en la indagación*"), queda muy claro que Trevor MacKenzie forma parte de esta categoría de docentes apasionados por brindar a sus alumnos todas las oportunidades de perseguir sus pasiones y desarrollar las habilidades y destrezas necesarias dentro de un panorama educativo en constante cambio.

Replantearse nuestro trabajo como docentes requiere tiempo y esfuerzo. Este libro es una guía sencilla y accesible que brinda el apoyo práctico que los profesores necesitan para realizar cambios. El entusiasmo de Trevor y su coautora, Rebecca Bushby, se manifiesta a lo largo de estas páginas, sobre todo al compartir su propia pasión y a través de las muchas (y divertidas) experiencias de docentes que han puesto en práctica este enfoque. Estos ejemplos son reales y relevantes, y nos sentimos identificados con ellos. Las nuevas formas de interpretar y describir lo que significa ser un profesor indagador, estructurar el camino de la indagación, ayudar a los alumnos a perseguir sus pasiones y definir el papel del bibliotecario escolar en un contexto de indagación hacen de *Mentalidad de indagación* una lectura muy interesante y una fantástica contribución al campo de la enseñanza. Trevor y Rebecca reiteran lo que se ha dicho desde hace tiempo sobre la indagación eficaz: no sucede sin más, sino que exige una minuciosa reflexión, planificación y estructura por parte de docentes y alumnos.

Este libro comienza con una reflexión personal sobre las ideas que Trevor fue recopilando durante los primeros años de vida de su hijo mayor, Ewan. Su sueño, al igual que el de muchos padres, era desarrollar una experiencia educativa que valorara realmente las "características, necesidades e intereses" de su hijo. Al poner su propia experiencia a disposición de otros docentes a través de este libro, Trevor y Rebecca han contribuido en gran medida a honrar ese principio. La lectura de estas páginas resulta muy alentadora. El trabajo de indagación iniciado hace tanto tiempo sigue estando en buenas manos con una nueva generación de educadores que está descubriendo el poder de un enfoque que sitúa realmente al alumno en el centro del aprendizaje.

**Kath Murdoch**
Autora de *The Power of Inquiry*

# DEFINICIONES

La **indagación** es el proceso dinámico de ser receptivo a las preguntas e inquietudes del alumno para llegar a conocer y comprender el mundo.

—Alberta Focus en *Inquiry*, 2004

El **aprendizaje basado en la indagación** es un proceso en el que los alumnos participan en su aprendizaje, formulan preguntas esenciales, investigan y desarrollan nuevas habilidades, significados y conocimientos. Este conocimiento es nuevo para ellos y puede utilizarse para responder a una pregunta esencial, desarrollar una solución o apoyar una idea o punto de vista. Este conocimiento suele compartirse públicamente y puede dar lugar a algún tipo de acción.

—Alberta Focus en *Inquiry*, 2004

Los **tipos de indagación del alumno** es un enfoque estructurado que permite fomentar la indagación en el aula, potenciar paulatinamente la agencia* de los alumnos y proporcionar las habilidades, conocimientos y comprensión necesarios para que tengan éxito en su indagación.

*Nota del T. En este contexto, el término agencia se refiere a la capacidad de dar al alumno responsabilidad, elección y voz. Es un término al que se va a hacer referencia con mucha frecuencia a lo largo del libro.*

# PREFACIO

Tras el nacimiento de Ewan, mi primer hijo, mi papel en el aula, mi filosofía sobre el aprendizaje y mi idea de lo que significa ser educador cambiaron (para mejor). En realidad, las experiencias que pasamos juntos son la inspiración que hay detrás de *Mentalidad de indagación* y mi enfoque educativo.

Ewan siempre ha sido un niño muy curioso, verbal y empático. Mi esposa y yo vimos cómo desarrollaba estas cualidades en cuanto empezó a dar sentido al mundo que nos rodea. De pequeño, le encantaba inventar historias mientras hojeaba libros infantiles. Creaba mundos imaginarios que trascendían la realidad y llegaban a todos los ámbitos de nuestras vidas. Caminar por el bosque se convertía en una aventura insólita, ir al supermercado en la búsqueda de un tesoro. Los bloques de construcción le servían para crear mundos de seres fabulosos y criaturas fantásticas.

Ewan expresaba todas estas experiencias y recuerdos con palabras, desarrollando un vocabulario muy avanzado para su corta edad. Quizás lo más importante es que Ewan *sentía* las cosas. Cuando un compañero no iba un día a la clase mostraba preocupación por su salud. Cuando sonaba una canción divertida en la radio, bailaba. Cuando a un personaje de un libro le dolía algo, él también sentía ese dolor. Ewan es un niño sensible que además se deja llevar por el corazón.

A mi esposa Sarah y a mí siempre nos ha fascinado esa curiosidad infinita de Ewan, su sorprendente manera de utilizar las palabras y su gran corazón. Durante la crianza, hemos tratado activamente de respetar estos rasgos tan importantes de su personalidad. Animándole a explorar sus intereses a través de libros, dibujos animados, juegos y actividades creativas, nuestro objetivo siempre ha sido cultivar ese espíritu libre en nuestro hijo. Tal vez por eso estábamos un poco nerviosos con la idea de llevarlo a la guardería. Nos preguntábamos si...

¿Podría nuestro sistema educativo satisfacer sus necesidades y respetar las características que tanto nos gustan de nuestro hijo?

¿Serían capaces sus profesores de despertar su curiosidad?

¿Escucharían su voz?

¿Desarrollarían su empatía?

A medida que se iba acercando el inicio del curso, nuestra inquietud y preocupación crecían. Queríamos que se entendiera, apoyara y respetara su personalidad. Deseábamos que sus profesores *conocieran* de verdad a nuestro hijo y que, en las tutorías, pudieran describirnos los rasgos que tanto apreciábamos a su corta edad.

Como profesor de secundaria, he visto el impacto negativo causado por el exceso de objetivos educativos, las herramientas de evaluación y la rigidez del currículo en alumnos como Ewan. En algún momento de su *escolaridad*, se vuelven menos curiosos, menos aventureros y disfrutan menos del aprendizaje. Sarah y yo no queríamos que Ewan experimentara este tipo de despersonalización en su educación, y estábamos dispuestos a hacer todo lo posible para evitarlo.

¿Qué hicimos?

¿Nos reunimos con su profesora y le preguntamos qué pensaba hacer para satisfacer mejor las necesidades de Ewan?

No.

¿Llamamos al director del colegio y le pedimos que pusiera a Ewan en una clase con un profesor que entendiese mejor nuestras preocupaciones?

No.

¿Matriculamos a Ewan en un colegio privado con clases de menos alumnos?

Ni mucho menos.

Lo que hice fue aún *más* drástico.

Analicé detenidamente mi propia práctica docente. Decidí analizar las características, necesidades e intereses específicos de cada uno de mis alumnos, tal como lo hice con mi hijo. Con esta mentalidad (y entendiendo que cada uno de ellos especial a su manera) decidí "honrarlos" en el aula. Como resultado, ellos me ayudaron a configurar mi rol como docente.

En septiembre, cuando Ewan empezó finalmente la guardería, preparado para descubrir el mundo y aprender cosas extraordinarias, yo empecé a analizar mis clases a través de un nuevo enfoque académico y una nueva perspectiva sobre la forma de enseñar. Decidí que, si quería convertirme en el docente que quería para mi hijo, tenía que dejar atrás todas mis ideas sobre la enseñanza y empezar de cero. Así que el primer día de clase cambié el papel que desempeño en el aula. En lugar de entregar la programación del curso a los alumnos (mi rutina habitual del primer día), les pedí que me ayudaran a co-diseñar nuestra clase de lengua. Necesitaba saber algo más sobre los temas que querían debatir, los problemas que deseaban resolver y las formas de demostrar su conocimiento. Mi deseo era lograr que nuestra clase se convirtiera en un lugar donde se pudieran escuchar sus voces y respetar sus pasiones, intereses y curiosidades. Para ello, los alumnos debían asumir un papel más activo, significativo y personalizado en su aprendizaje.

Este proceso duró varios días, pero logramos diseñar una programación exclusivamente *nuestra*. Compartimos ideas, defendimos nuestras necesidades de aprendizaje y debatimos sobre las diferentes maneras de demostrar lo aprendido (buscando incluso alternativas a las tareas más tradicionales que se suelen hacer en clase). Los primeros días fueron quizás los más difíciles de toda mi carrera. Ceder el control, las riendas y la autoridad en el aula hasta llegar a sentirme a gusto en el caos de la incertidumbre supuso un enorme reto para mí. Aquellos días también tampoco fueron fáciles para mis alumnos. Tenían una idea preconcebida de cómo funcionaría la clase, y yo había invertido totalmente esa estructura.

A pesar de este accidentado comienzo, el proceso resultó muy productivo. No solo tomamos las riendas del aprendizaje, sino que, además, también desarrollamos una confianza que nos permitió comenzar un camino excepcionalmente revelador. Durante las siguientes semanas y meses, fui testigo del increíble nivel de conocimientos y colaboración que uno esperaría de una clase avanzada de lengua. Pero aún más importante fue la confianza que construimos, reflejada en la originalidad y autenticidad del trabajo que los alumnos crearon durante aquel período. A continuación, una pequeña muestra de los proyectos individuales que fueron desarrollando durante su aprendizaje:

- Una serie de pinturas para representar los cambios progresivos de diferentes personajes en una serie de novelas.
- Una coreografía para simbolizar los temas de una colección de poesía que un alumno había leído.
- Un anuncio para un servicio público ideado para educar sobre las diferentes orientaciones sexuales.
- Un dragón elaborado en chapa soldada utilizado para representar el simbolismo.

- Un videojuego creado por alumnos para contar la trama de una novela histórica.
- Una novela de 140 páginas sobre una adolescente bastante influenciable desesperada por sentirse incluida en la vida social de su colegio.

Mis alumnos no dejaban de sorprenderme con sus trabajos. Su opinión era fundamental y, por tanto, se preocupaban por lo que estaban aprendiendo. A lo largo del curso, descubrimos el sentido de propiedad, confianza y autenticidad, lo que nos permitió volver a conectar con una curiosidad interna que no habíamos sentido en mucho tiempo. Nos volvimos a enamorar del proceso de aprendizaje, algo de lo que nuestro sistema educativo nos había privado durante varios años. Esta experiencia fue muy emocionante para todos. Desde entonces, mi manera de enseñar no ha vuelto a ser la misma.

El objetivo de *Mentalidad de indagación* consiste en dotar a los alumnos de las herramientas, los conocimientos y las habilidades necesarias para marcar la diferencia en el mundo actual. Las ideas que Rebecca y yo compartimos en el presente libro explican el proceso de indagación, la manera en que lo utilizamos en nuestras aulas y los resultados que obtienen nuestros alumnos a lo largo del curso. Sabemos que, si aplica la filosofía de este libro en el aula, las experiencias de aprendizaje, las preguntas y las provocaciones lograrán transformar tanto su manera de enseñar como la visión de sus alumnos sobre lo que puede y debe ser la educación.

> El propósito de Mentalidad de indagación consiste en dotar a los alumnos de las herramientas, los conocimientos y las habilidades necesarias para marcar la diferencia en el mundo actual.

Teniendo esto en cuenta, le propongo el siguiente reto:

Durante la lectura del presente libro, piense en Ewan y en cómo respondería él a nuestras propuestas. Imagínelo en el aula de indagación y observe si se respetan sus sentimientos, su curiosidad, su voz. Al retomar su práctica docente, empiece a mirar a sus alumnos de manera diferente. Véalos como a mi hijo, Ewan: especiales y únicos a su manera. Si logra visualizarlos, todo aquello que dificulta nuestra profesión (el exceso de objetivos y la rigidez que aniquila el placer de aprender innato del alumno) dejará de ser tan importante. Tenga en cuenta sus sentimientos, estimule sus curiosidades y escuche sus voces. Si somos capaces de hacer esto, seguro que el futuro de nuestros alumnos y el de Ewan estará en buenas manos.

Gracias.

**Trevor**

## CÓMO UTILIZAR #INQUIRYMINDSET EN ACCIÓN

Al final de cada capítulo, encontrará unas indicaciones que hemos denominado *#InquiryMindset* en acción. Se trata de breves pero importantes llamadas a la acción que harán que reflexione sobre la lectura y ponga en práctica algunas de las cosas que vamos proponiendo. Una vez hecho esto, le pedimos que capture y comparta sus experiencias con nuestra comunidad *#InquiryMindset* a través de *Twitter*, *Instagram* o *Facebook*. En la indagación, **cuanto más unidos estemos, mejor**. Teniendo esto en cuenta, comprometámonos a compartir nuestro aprendizaje para que podamos apoyarnos colectivamente y convertirnos en los que nuestros alumnos necesitan. ¡A disfrutar!

# EL PROFESOR
# INDAGADOR

Los docentes son el factor clave para garantizar el éxito de la transición de la pedagogía tradicional a la adopción de la indagación en las aulas. Más allá del liderazgo y la cultura educativa, el apoyo de los recursos y la colaboración con otros docentes, y el diseño de nuestros espacios, el éxito de un aula de indagación dependerá de que los docentes trabajen con los alumnos *en la indagación*. Tanto *Mentalidad de indagación* como *Sumérgete en la Indagación* tienen como objetivo fundamental apoyar a los docentes en su esfuerzo por integrar la indagación en el aula. Además de ser profesores indagadores a tiempo completo (Rebecca en Educación Infantil y Trevor en Educación Secundaria), también somos asesores de indagación. Dedicamos mucho tiempo a apoyar a docentes, colegios y otros centros en la adopción de un enfoque basado en la indagación para el aprendizaje. A través de esta perspectiva (nuestra formación, asesoramiento, intercambio y enseñanza) hemos logrado crear *Mentalidad de indagación*. Ofreceremos muchos ejemplos

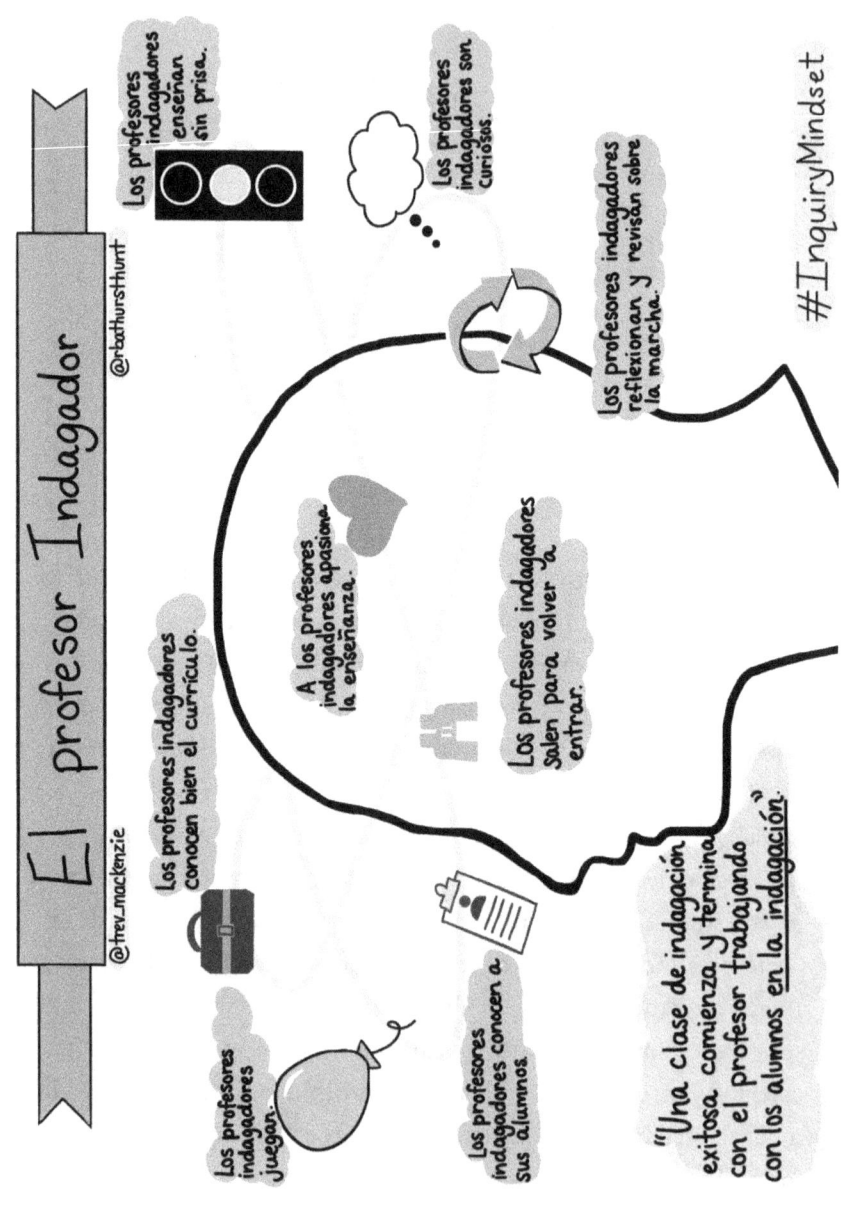

El profesor Indagador

@trev_mackenzie

@rbathursthunt

#InquiryMindset

Los profesores indagadores enseñan sin prisa.

Los profesores indagadores son curiosos.

Los profesores indagadores reflexionan y revisan sobre la marcha.

Los profesores indagadores conocen bien el currículo.

A los profesores indagadores apasiona la enseñanza.

Los profesores indagadores salen para volver a entrar.

Los profesores indagadores juegan.

Los profesores indagadores conocen a sus alumnos.

"Una clase de indagación exitosa comienza y termina con el profesor trabajando con los alumnos en la indagación."

prácticos y compartiremos estrategias y estructuras para que los alumnos puedan adaptarse a sus roles en constante cambio en el proceso de aprendizaje. Estos libros allanan el camino para que la auténtica indagación potencie el aprendizaje y se escuche la voz de los alumnos.

Sin embargo, los recursos incluidos en estos libros únicamente serán válidos si los docentes disponen de las características necesarias para aprovechar el potencial de desarrollar las competencias y las cualidades que permiten gestionar el aprendizaje de forma responsable y autónoma en el aula, lo que denominamos la *agencia en el aprendizaje*. La buena noticia es que, dondequiera que se encuentre en su carrera profesional, es posible aprender y cultivar estas cualidades. A través de su uso constante e intencionado, pueden convertirse en parte de su ADN educativo. Y, a medida que vaya cultivando estas características esenciales, se irá convirtiendo en el profesor que sus alumnos necesitan.

Para hacer más sencillo este camino de aprendizaje, queremos desmitificar las características y explicar los matices del profesor indagador. Deseamos poner de manifiesto la sabiduría que poseen y la mentalidad que representan. Mientras hablamos de estas cualidades, reflexione sobre su práctica docente. ¿Cuáles de estas características posee actualmente? ¿En cuáles está intentando mejorar? ¿Cuáles necesita añadir a su repertorio?

## LOS PROFESORES INDAGADORES JUEGAN

El profesor indagador concibe su trabajo como si de un juego se tratara. Disfruta aprendiendo y contagia su alegría a los demás. De este modo, transmite un amor natural por el aprendizaje a sus alumnos. Su trabajo se basa en la pedagogía lúdica: el acto de disfrutar de la reflexión y del crecimiento en su enseñanza. Este placer se refleja en todo lo que hace e influye en las actitudes que transmite a sus alumnos, incluso ante posibles obstáculos. Ve los desafíos como oportunidades para el cambio y analiza los problemas desde diferentes ángulos y perspectivas.

## LOS PROFESORES INDAGADORES ENSEÑAN SIN PRISA

El profesor indagador no se centra únicamente en cubrir contenido. Por el contrario, se interesa en ralentizar el aprendizaje para generar oportunidades que faciliten la comprensión, apoyen mejor a sus alumnos y respeten sus curiosidades, inquietudes, pasiones e intereses. El aprendizaje no solo consiste en crear una lista de objetivos o propósitos específicos de contenido, es más bien un *proceso* que exige tiempo para una reflexión significativa y relevante; no puede restringirse o limitarse a horarios determinados o períodos lectivos. El profesor indagador es consciente de esto y adopta un ritmo más lento; se detiene a observar y permite que esas observaciones guíen su enseñanza. Asimismo, ayuda a los alumnos a tomarse el tiempo necesario para reflexionar sobre sus propios sentimientos, emociones, éxitos y desafíos en su proceso de aprendizaje.

## LOS PROFESORES INDAGADORES CONOCEN BIEN EL CURRÍCULO

El profesor indagador sabe perfectamente lo que quiere transmitir a sus alumnos. Su amplio conocimiento del currículo, así como del objetivo final del aprendizaje, le da cierta libertad en su trabajo. Es creativo en los métodos que utiliza y en las experiencias y oportunidades educativas que fomenta y desarrolla. Además, sabe cómo integrar las curiosidades de los alumnos en el aula. Su amplio conocimiento del currículo es la base para la indagación.

## LOS PROFESORES INDAGADORES CONOCEN A SUS ALUMNOS

El profesor indagador conoce las historias, las pasiones, los intereses y los objetivos de los alumnos, y utiliza ese conocimiento para fomentar la agencia. Les ayuda a comprender la enseñanza e identificar sus propias necesidades de aprendizaje. El profesor indagador hace preguntas para conocer mejor a sus alumnos, de manera que ambos puedan aprender más sobre todos los aspectos del niño. El profesor indagador crea momentos de aprendizaje que invitan a la reflexión y al intercambio individual. Estas oportunidades conectan el aprendizaje con sus vidas y aportan relevancia y autenticidad. Además, planifica y trabaja activamente para construir relaciones de confianza, lo cual es fundamental para compartir un aprendizaje significativo durante todo el curso. El profesor indagador ayuda a los alumnos a conectar sus historias, pasiones, intereses y objetivos con el currículo, modelando las actividades y enfoques del aprendizaje.

## LOS PROFESORES INDAGADORES REFLEXIONAN Y REVISAN SOBRE LA MARCHA

El profesor indagador tiene la capacidad de reflexionar y revisar para satisfacer mejor las necesidades de sus alumnos. Es muy consciente de lo que sucede a su alrededor durante el aprendizaje. Hace pausas y se detiene a escuchar; ve a sus alumnos como colaboradores de quienes se puede aprender para avanzar mejor. Detecta todas las pistas, incluso las menos importantes, y las utiliza para definir los siguientes pasos. Además, reflexiona sobre su papel en el aula y no deja de cuestionarse para orientar sus prácticas y tomar mejores decisiones. Reflexiona sobre sus acciones, palabras, pensamientos y sentimientos, y utiliza esa información para modificar su camino y así satisfacer mejor las necesidades de sus alumnos.

## LOS PROFESORES INDAGADORES SALEN PARA VOLVER A ENTRAR

El profesor indagador busca oportunidades de aprendizaje fuera del aula tanto para los alumnos como para sí mismo. Comprende que el aprendizaje normalmente se produce fuera de clase, de ahí que busque conexiones con la enseñanza y el currículo en su comunidad e identifique colaboraciones para crear experiencias de aprendizaje relevantes y oportunidades para profundizar la comprensión. Nunca encuentra limitaciones ni barreras que le impidan desarrollar estas colaboraciones; sueña a lo grande y hace lo posible por hacer realidad sus sueños. Va siempre un paso más allá para mejorar su desarrollo profesional, forma parte de todo tipo de redes educativas profesionales y suele participar en indagaciones colaborativas que orientan su práctica docente. Al buscar el aprendizaje fuera del aula, vuelve mejor equipado para la indagación.

## LOS PROFESORES INDAGADORES SON CURIOSOS

El profesor indagador también indaga. Todo lo que hace gira en torno a la curiosidad, expresa y manifiesta diariamente sus propios interrogantes delante de los alumnos. Es inquieto e invita a los estudiantes a hacer preguntas y explorar. Cultiva la curiosidad en el aula utilizando provocaciones y formulando preguntas, al tiempo que demuestra cómo las preguntas inquisitivas pueden generar oportunidades acceder al aprendizaje. En las aulas de indagación, las preguntas se plantean una y otra vez para así estructurar las unidades, orientar la enseñanza y fomentar tanto el pensamiento crítico como la revisión, lo que conduce a preguntas aún más profundas.

> Los alumnos tienen que ver a sus profesores como aprendices. Necesitan comprobar que se hacen preguntas importantes sobre sí mismos y prueban cosas nuevas. En definitiva, quieren docentes apasionados por sus alumnos y entusiasmados por el aprendizaje.

## A LOS PROFESORES INDAGADORES LES APASIONA LA ENSEÑANZA

Al profesor indagador le encanta su clase. Le apasionan los niños y nunca deja de aprender. Su energía, siempre contagiosa, enciende la pasión por el aprendizaje en sus alumnos, compañeros y superiores. El profesor indagador no solo se centra en el contenido; el amor por el aprendizaje y la comprensión que fomenta en su trabajo repercuten positivamente en el aula. Nunca deja de aprender y las experiencias de sus alumnos le ayudan a crear una visión futura de su propio aprendizaje. Su pasión por la enseñanza es infinita y se refleja en su interés por planificar las experiencias de aprendizaje, su capacidad para establecer relaciones en el aula o para fomentar curiosidades y preguntas. Ese entusiasmo y amor por sus alumnos y su trabajo se ve reflejado en todo lo que hace.

Ha iniciado este camino de indagación con nosotros porque es consciente de la importancia de permitir que los alumnos asuman una mayor agencia en el aprendizaje. Cree que nuestras estructuras educativas requieren un enfoque más personalizado y, dado que está leyendo este libro, sabemos que está dispuesto a asumir ciertos riesgos para crecer profesionalmente y adoptar con éxito la indagación.

Teniendo esto en cuenta, le pedimos que reflexione sobre las características y la forma de enseñar de un profesor indagador, así como sobre el tipo de aula en la que trabaja actualmente. Para ello, le aconsejamos que utilice nuestra reflexión "Profesor indagador: su disposición a la reflexión". Reflexione sobre las características que ya posee, las que está trabajando para mejorar y las que quiere añadir a su repertorio. Analice las preguntas y responda con algo más que un simple sí o no. Observe cómo se manifiestan estas características en su práctica docente. Sea claro a la hora de demostrar esos comportamientos en su trabajo diario. Califíquese en una escala del 1 al 5: ¿Dónde se encuentra actualmente? ¿Es más bien un principiante o es ya un *experto* indagador?

**Al profesor indagador le gusta jugar**
**Principiante ← 1 2 3 4 5 → Experto**

- ¿Son divertidas sus clases?
- ¿Cómo cultiva un amor natural por el aprendizaje?
- ¿Cómo practica una pedagogía lúdica? ¿Prueba cosas nuevas en su trabajo?

**El profesor indagador enseña sin prisa**
**Principiante ← 1 2 3 4 5 → Experto**

- ¿Qué significa enseñar sin prisa?

- ¿Se preocupa solo por cubrir contenido o quiere ayudar a sus alumnos a convertirse en expertos en el aprendizaje?
- ¿Cómo logra que el aprendizaje se desarrolle y avance a un ritmo que de verdad capacite a sus alumnos?

**El profesor indagador conoce el currículo**
**Principiante ← 1 2 3 4 5 → Experto**

- ¿Conoce bien el currículo?
- ¿Cómo puede desarrollar una mayor comprensión de lo que le quiere transmitir a sus alumnos?
- ¿Cómo conecta de manera creativa las pasiones, intereses e inquietudes de los alumnos con el currículo?
- ¿Cómo es la sensación de libertad que siente al reflexionar sobre el currículo?

**El profesor indagador conoce a sus alumnos**
**Principiante ← 1 2 3 4 5 → Experto**

- ¿Conoce bien a sus alumnos?
- ¿Conoce realmente sus historias, pasiones, intereses y curiosidades?
- ¿Conoce realmente sus necesidades de aprendizaje y les da las herramientas necesarias para que ellos también las entiendan?
- ¿Cómo planifica activamente el desarrollo de relaciones de confianza en el aula?

**El profesor indagador reflexiona y revisa sobre la marcha**
**Principiante ← 1 2 3 4 5 → Experto**

- ¿Cómo reflexiona y revisa sobre la marcha?
- ¿Cómo modifica su práctica docente tanto durante como fuera del aprendizaje?

- ¿De qué manera sus dudas y observaciones orientan su trabajo y le ayudan a tomar decisiones?

**El profesor indagador sale para volver a entrar**
**Principiante ← 1 2 3 4 5 → Experto**

- ¿Cómo "sale" para volver a entrar?
- ¿En qué medida se considera un educador conectado?
- ¿Qué personas forman parte de su red profesional educativa? ¿Cómo ponen a prueba su comprensión y apoyan su crecimiento?

**El profesor indagador es curioso**
**Principiante ← 1 2 3 4 5 → Experto**

- ¿Hasta qué punto considera que es un docente curioso?
- ¿Cómo comparte sus curiosidades y sus preguntas?
- ¿Cómo elabora activamente las preguntas para sus alumnos a través de juegos de rol, provocaciones y sus propias curiosidades?

**Al profesor indagador le apasiona la enseñanza**
**Principiante ← 1 2 3 4 5 → Experto**

- ¿Cómo demuestra que es un educador apasionado?
- ¿Cómo transmite su amor por el aula y por el aprendizaje con sus alumnos?
- ¿Cómo demuestra que es un aprendiz incansable?
- ¿Cómo disfruta de su rol como docente?

Tenga en cuenta esta reflexión durante la lectura de este libro. Anote las ideas, estructuras de apoyo y otros recursos y ejemplos reales que incluimos, y tenga en cuenta las formas de utilizarlos tanto para mejorar en las áreas que necesita potenciar como en las que ya es competente. El aprendizaje por indagación puede ser complicado (¡para docentes y alumnos!). Cuando las cosas se pongan difíciles o incluso le produzcan cierto temor, le animamos a que se mantenga firme en su compromiso de convertirse en el profesor que sus alumnos necesitan. Permita que esta pregunta esencial guíe su lectura: *Tras la lectura de* Mentalidad de indagación, *¿se va a convertir en un docente diferente y más completo?*

Su mentalidad de indagación mejorará con cada pregunta que se plantee y con cada descubrimiento que haga.

> Tras la lectura de este libro, ¿se va a convertir en un docente diferente y más completo?

## #INQUIRYMINDSET EN ACCIÓN

Después de completar la reflexión "Profesor indagador: su disposición a la reflexión", comparta con nuestra comunidad *#InquiryMindset* algunas de sus cualidades como profesor indagador. ¿En qué rasgos y habilidades demostró mayor capacidad al utilizar esta reflexión? Incluya un recurso, actividad, herramienta o detalle para ayudar a los miembros de nuestra comunidad *#InquiryMindset* a mejorar su propia mentalidad. Por ejemplo, si obtuvo una puntuación elevada en la categoría "El profesor indagador conoce a sus alumnos", ¿qué recursos, actividades, herramientas o detalles puede compartir para ayudar a otros lectores a crecer en esta área?

# DIEZ RAZONES PARA UTILIZAR EL APRENDIZAJE BASADO EN LA INDAGACIÓN

Después de escribir el libro *Sumérgete en la indagación*, mi amiga y colega Sylvia Duckworth y yo colaboramos en un *sketchnote** (o esquema visual) que denominamos "Diez razones para utilizar el aprendizaje basado en la indagación". Cuando comenzamos el proyecto, nuestro objetivo era informar e inspirar a otros educadores sobre la eficacia de la indagación en la pedagogía. También buscábamos animar a otros docentes a reflexionar sobre su trabajo y considerar cómo podrían efectuar cambios para mejorar el aprendizaje y potenciar la voz de los alumnos. La

---

* Nota del T. *Sketchnotes* o notas visuales, es un término acuñado por Mike Rohde en 2007 y no es más que una forma mucho más amena y divertida de tomar notas añadiendo una combinación de elementos visuales tales como: figuras, dibujos, tipografía dibujada a mano, formas, flechas, cuadros y líneas.

respuesta fue fantástica y es que cuando se asocian imágenes, símbolos y arte con ideas y conceptos suceden cosas increíbles.

Rebecca y yo hemos usado este *sketchnote* muchas veces, sobre todo cuando hemos trabajado para ayudar a otros docentes a integrar la indagación en su rutina diaria. Es un excelente punto de partida para el aprendizaje, ya que anima a los docentes a reflexionar sobre su trabajo y analizar sus clases. Durante los talleres y sesiones de formación, siempre hacemos la siguiente pregunta: "¿Cuál/es de estas diez razones veremos si visitamos su colegio y lo observamos mientras da clase?"

Ahora nos gustaría plantearle la misma pregunta. Observe atentamente el *sketchnote* y reflexione cómo (o si) se reflejan en su enseñanza las diez razones o ventajas de la indagación. ¿Alguna se le da mejor que otra? ¿Alguna requiere mayor enfoque, apoyo y atención? Describa detalladamente lo que hace para fomentar, cultivar y hacer que estas ventajas formen parte de su cultura de aprendizaje.

 ¿Sus alumnos sienten que todo es posible cuando están en clase? Así debería ser.

## ALIMENTAR LAS PASIONES Y TALENTOS DE LOS ALUMNOS

Usted conoce las pasiones y los talentos de los alumnos y los integra en el aula. Puede hablar sobre cada alumno y describir lo que les gusta hacer. Conoce bien el currículo y su materia. Se siente cómodo ayudando a sus alumnos a entender el currículo

compartiendo sus intereses. Fomenta estas pasiones y talentos ayudándoles a explorarlos más detenidamente en clase.

## "EMPODERAR" LA VOZ DEL ALUMNO Y RESPETAR SU ELECCIÓN

Usted ayuda a sus alumnos a comprender sus necesidades de aprendizaje y a expresarlas en palabras. Al honrar su voz, usted empodera a sus alumnos. Los alumnos ayudan a dar forma a la cultura y la dirección del aprendizaje en el aula, y usted ofrece oportunidades educativas de múltiples maneras y en múltiples momentos. Los alumnos se sienten seguros, confiados y capaces de obtener buenos resultados porque saben que usted les ofrece flexibilidad y les da opciones para apoyar sus necesidades de aprendizaje.

## INCREMENTAR LOS NIVELES DE MOTIVACIÓN Y COMPROMISO

Los alumnos quieren ir al colegio y pasarlo bien en clase. Se comprometen y se sienten motivados para aprender. Saben que el aprendizaje es relevante y va más allá del tiempo de clase. Tienen ganas, prueban cosas nuevas y, en su gran mayoría, están concentrados.

## FOMENTAR LA CURIOSIDAD Y EL AMOR POR EL APRENDIZAJE

Las curiosidades e intereses de los alumnos tienen cabida en el aula y se exploran de manera significativa. Hay que demostrar que el aprendizaje no siempre comienza por el profesor; las curiosidades de los alumnos son igual de importantes. Usted les ayuda a establecer conexiones entre sus curiosidades e intereses, el currículo y la evaluación de su aprendizaje.

## ENSEÑAR CORAJE, PERSEVERANCIA, MENTALIDAD DE CRECIMIENTO Y AUTORREGULACIÓN

Sus alumnos no se vienen abajo cuando no logran sus objetivos. Valoran esos momentos de aprendizaje como *oportunidades para mejorar*, no como errores o fracasos. Saben reflexionar y revisar para poder mejorar. Aguantan los golpes; pueden caer, pero *siempre* se vuelven a levantar.

## HACER QUE LA INVESTIGACIÓN SEA SIGNIFICATIVA Y DESARROLLAR FUERTES HABILIDADES DE INVESTIGACIÓN

Sus alumnos son expertos investigadores; saben cómo localizar información interesante, relevante y precisa. Conocen la diferencia entre buscar en Wikipedia, Google y, en el caso de los de cursos superiores, en bases de datos de investigación como EBSCO. Saben localizar recursos en el aula y en la biblioteca del colegio. El docente da sentido al proceso de investigación vinculando explícitamente *lo que* lo alumnos están investigando y el *por qué* lo están investigando. Sus alumnos son expertos digitales.

## PROFUNDIZAR EN LA COMPRENSIÓN PARA IR MÁS ALLÁ DE LA MEMORIZACIÓN DE HECHOS Y CONTENIDOS

En el aula, conviene centrarse en las grandes ideas, aquellas que guían su enseñanza y dan forma a oportunidades educativas para sus alumnos. Los conocimientos conceptuales dan impulso a sus unidades y al contenido, y los hechos cobran vida y tienen relevancia porque los vincula con esas grandes ideas. Sus alumnos pueden comunicar y transmitir esas grandes ideas.

> Si al final de curso los alumnos tiran a la basura el contenido de sus carpetas, no habremos hecho bien nuestro trabajo. El aprendizaje relevante no acaba en la basura.

## FORTALECER LA IMPORTANCIA DE PLANTEAR BUENAS PREGUNTAS

Las preguntas juegan un papel fundamental en el aula. Hay que ofrecer a los alumnos el tiempo y el apoyo necesarios para abordar y explorar preguntas a través de una variedad de fuentes y medios. El aprendizaje comienza con una pregunta, ya sea del docente o de los alumnos. Todos conocen la diferencia entre preguntas cerradas y abiertas, y ambas se debaten en clase.

## PERMITIR QUE LOS ALUMNOS ASUMAN LA RESPONSABILIDAD DE SU PROPIO APRENDIZAJE Y DE ALCANZAR SUS OBJETIVOS

Usted comparte el aprendizaje *con* sus alumnos. Los alumnos pueden compartir ideas libremente y, a veces, incluso dirigir o enseñar a sus compañeros. Establecen metas, se esfuerzan por alcanzarlas y reflexionan y revisan sus métodos educativos para lograr sus objetivos.

## SOLUCIONAR LOS PROBLEMAS DEL MAÑANA EN LAS AULAS DE HOY

Los alumnos desarrollan las habilidades del siglo XXI necesarias para convertirse en los solucionadores de problemas, los pensadores críticos y las mentes innovadoras que nuestro mundo necesita. En el aula se practica y se fomenta la comunicación, la colaboración, la creatividad y el pensamiento crítico. Los alumnos ven el aprendizaje en clase como ideas, problemas y desafíos que requieren de sus respectivas voces y experiencias.

Tras haber identificado pruebas concretas de indagación en el aula, probablemente haya reconocido algunas áreas de mejora. Esto hará que la lectura de *Mentalidad de indagación* le resulte aún más personal, ya que le llevará a plantearse cómo lograr el aula de indagación que desea crear. Si además añadimos su reflexión del capítulo anterior, podrá comprobar que, al adoptar la indagación como propia, habrá elaborado un plan de crecimiento profesional. Tenga ese plan en cuenta y revise sus reflexiones durante la lectura y al volver a su rutina diaria para hacer cambios e incorporar novedades a su trabajo.

## #INQUIRYMINDSET EN ACCIÓN

Después de reflexionar sobre las diez razones para aplicar el aprendizaje basado en la indagación, comparta las que ha identificado en su práctica docente y cómo las utiliza a diario en su aula. Por ejemplo, si ha identificado "**Destacar la importancia de hacer**

**buenas preguntas**" como una característica propia de su clase, ¿qué hace para garantizar activamente que esto ocurra?

Conjuntamente con nuestro anterior *#InquiryMindset* en acción del capítulo 1, nuestros lectores ahora tendrán acceso a una amplia gama de recursos, actividades e ideas importantes para acelerar la adopción de la indagación en su rutina diaria. Eche un vistazo a lo que han compartido otras personas y reflexione sobre cómo puede utilizar estos recursos para acelerar su propio crecimiento a lo largo de la lectura. Recuerde que, en la indagación, ¡cuánto más unidos estemos, mejor!

# EL CICLO DE
# INDAGACIÓN

Compartir el proceso de aprendizaje, ceder paulatinamente las riendas del aprendizaje a los alumnos y fomentar sus pasiones, curiosidades y preguntas son algunos de los beneficios del modelo de indagación. Perfeccionar las habilidades del siglo XXI y facilitar el verdadero aprendizaje son razones de peso para adoptar la indagación como algo propio. Visto desde fuera, el aula de indagación puede parecer algo abrumador, poco tradicional e incluso, a veces, caótico. La idea de tener una clase llena de jóvenes dedicados a la indagación puede resultar complicada para aquellos que no están acostumbrados a estas estructuras y procesos.

En este capítulo daremos algunos sencillos pasos que le ayudarán a diseñar el camino de su indagación. Puede ayudar a sus alumnos preparando y planificando conscientemente su enfoque de indagación. El proceso que implantamos en nuestras aulas le ayudará a aprovechar al máximo la adopción de la indagación. Si imaginamos una piscina de la indagación, bien esté en la parte estructurada, planificando la totalidad de sus fases, bien esté en la parte de la indagación libre, en donde los alumnos elaboran sus propias preguntas esenciales y asumen una mayor agencia en su investigación, las fases de indagación descritas en este capítulo le ayudarán a triunfar.

> Compartir el proceso de aprendizaje con los alumnos, cederles paulatinamente las riendas del aprendizaje y fomentar sus pasiones, curiosidades y preguntas son algunos de los beneficios del modelo de indagación.

Al planificar las unidades y avanzar en la indagación, hay que tener en cuenta estos tres aspectos: los alumnos, el currículo y la evaluación.

## TENER EN CUENTA A LOS ALUMNOS

Como ya hemos indicado anteriormente, el profesor indagador conoce a sus alumnos. Sabe que sus necesidades, experiencias e inquietudes ayudan a planificar eficazmente las experiencias de aprendizaje y las unidades. Reflexione sobre las habilidades y conocimientos que sus alumnos han perfeccionado durante el curso y cómo pueden apoyar la indagación en la que se está embarcando. Respete y descubra cómo sus intereses e inquietudes pueden explorarse de manera más significativa en relación con el currículo. Piense igualmente en los desafíos a los que cada uno de sus alumnos se debería enfrentar en la indagación que está planificando. De esta manera, podrá responder mejor a sus necesidades de aprendizaje.

## TENER EN CUENTA EL CURRÍCULO

Reflexione sobre los objetivos educativos que desea que los alumnos analicen y exploren en su indagación. Identifique detalladamente lo que espera que *aprendan* a lo largo de una determinada unidad. Decida qué trabajos, provocaciones, recursos y experiencias de aprendizaje desea integrar en la indagación para apoyar el aprendizaje de sus alumnos. Y piense en cómo esta unidad refuerza el crecimiento y el aprendizaje colectivo que ha ideado para ellos a lo largo del curso.

## TENER EN CUENTA LA EVALUACIÓN

Por último, determine cómo piensa evaluar los conocimientos durante el aprendizaje (evaluación formativa) y al final de la unidad de indagación (evaluación sumativa). Estas decisiones se basan, bien en las habilidades y competencias que sus alumnos deben conocer y demostrar o en los objetivos educativos que aún no ha evaluado, bien en la manera en que *quieren* demostrar su comprensión. Permitiéndoles elegir cómo les gustaría demostrar su aprendizaje, les permitimos aprovechar sus fortalezas, intereses y estilos de aprendizaje. Cuando los alumnos asumen una mayor agencia en la evaluación, los docentes se benefician enormemente porque comprenden mejor lo que sus alumnos han aprendido. Atrás quedan la ansiedad y la preocupación que surgen durante la evaluación; en su lugar, aumenta la confianza, la claridad y el compromiso.

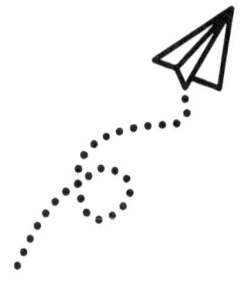 Permitiendo que los alumnos elijan cómo les gustaría demostrar sus conocimientos, podemos aprovechar sus aptitudes, intereses y estilos de aprendizaje.

## LAS DIEZ FASES DEL CICLO DE INDAGACIÓN

1. Definir el enfoque
2. Comenzar con una pregunta esencial
3. Intercambiar preguntas
4. Intercambiar subtemas
5. Seleccionar un subtema
6. Acceder a los conocimientos previos
7. Identificar dudas
8. Investigar
9. Establecer conexiones transdisciplinares
10. Ejecutar, reflexionar y revisar

A continuación, pasamos a explicar cada una de estas fases incluyendo un caso práctico para ver cómo se reflejan en el aula.

### Fase 1: Definir el enfoque

En esta fase, hay que tener en cuenta los cuatro pilares de la indagación que se analizarán más detalladamente en el capítulo 6. Estos cuatro pilares representan importantes puntos de entrada a la indagación. Decida cuál de ellos guiará su enfoque de indagación: Explorar una pasión, Aspirar a una meta, Profundizar en las curiosidades y Asumir un nuevo reto. Quizás su indagación esté ligada a una curiosidad, una meta, un resultado, una pasión o un reto. Definir esto desde el principio es fundamental para el desarrollo de las unidades y la planificación de los trabajos, provocaciones, recursos y experiencias de aprendizaje que se desea incorporar en el aula. Puede utilizar una provocación para suscitar preguntas, despertar curiosidades y estructurar su indagación. Las provocaciones (que se analizan en profundidad en el capítulo 11) pueden ser imágenes, vídeos o trabajos que se emplean para involucrar a los alumnos en la indagación.

**Caso práctico**: *Animales* (el tema elegido puede provenir de curiosidades o del resultado educativo que se espera conseguir).

## Fase 2: Comenzar con una pregunta esencial

Las indagaciones, unidades y clases deben empezar con una pregunta esencial. Según el tipo de indagación que haya planificado, esta pregunta la pueden plantear los docentes o los alumnos. Enmarcar una unidad dentro de una pregunta esencial permite a los alumnos participar en una experiencia de aprendizaje completamente diferente, con la que están realmente comprometidos y en la que pueden explorar una gran variedad de recursos. Esto hace que, con el tiempo, las riendas del aprendizaje vayan pasando del docente a los alumnos.

**Caso práctico**: ¿Cómo sobreviven los animales?

## Fase 3: Intercambiar preguntas

El intercambio de ideas (o *brainstorming*) permite explorar otras cuestiones relacionadas con la pregunta esencial. Al crear una lista de subpreguntas, profesores y alumnos obtienen una imagen más clara de hasta dónde puede llegar la indagación. Estas preguntas se emplean tanto para elaborar los planes de investigación como para identificar los trabajos y recursos que necesitará explorar con sus alumnos.

Nos gusta mucho esta fase porque se basa en la curiosidad y en la voz de los alumnos, que siempre nos plantean preguntas, ideas y puntos de vista que van más allá de nuestra imaginación. Si fuese necesario, ideamos subpreguntas para estructurar el intercambio de ideas y, de esta manera, nos aseguramos de que nuestra planificación de la indagación conduce a los objetivos que queremos explorar durante esa unidad.

> **Caso práctico**: ¿Qué comen los animales? ¿Qué hacen los animales en las diferentes estaciones? ¿Cómo se protegen los animales? ¿Qué animales nos interesan?

## Fase 4: Intercambiar subtemas

Después de identificar las preguntas con sus alumnos, céntrese en los subtemas. Los estudiantes pueden identificar patrones o tendencias a partir de las preguntas planteadas con anterioridad. A continuación, ponga un título a cada uno de los subtemas.

Recuerde a los alumnos que es normal que la indagación cambie en función de los intereses e ideas que van surgiendo de los diferentes debates e investigaciones en el aula. ¡Esta fase es apasionante! Es importante que los alumnos sientan que tienen una verdadera repercusión en la planificación de la indagación. A medida que van expresando sus intereses e inquietudes, y usted los incluye en la unidad de indagación, sus alumnos tendrán una sensación de pertenencia, propósito y dirección, añadidos potentes al aula.

 Descubra hasta dónde puede llegar con la indagación. Descubra sus curiosidades. Descubra nuevos conocimientos. Llegará a destinos nuevos e inesperadamente emocionantes.

**Caso práctico**: Para motivar a los alumnos a aprender sobre los animales y sus técnicas de supervivencia, proponga cuatro o cinco animales y deles a elegir el que más les interese. El objetivo individual consiste en descubrir cómo el animal escogido sobrevive y se adapta a las diferentes estaciones.

### Fase 5: Seleccionar un subtema

Analice con los alumnos el listado de subtemas del intercambio de ideas e invítelos a elegir el que más les interese. Cree diferentes grupos según sus preferencias.

Les podemos recomendar que escojan sus dos opciones favoritas. De este modo, respetamos sus preferencias y logramos crear grupos más homogéneos, lo que permite el intercambio de herramientas de investigación, y facilita colaboraciones más sólidas.

**Caso práctico**: Cinco alumnos eligen osos, cinco eligen coyotes, siete eligen colibríes y cuatro eligen salmones.

### Fase 6: Acceder a los conocimientos previos

Los alumnos trabajan en pequeños grupos para intercambiar toda la información posible sobre el tema elegido y crear listas de "Lo que sabemos". Pídales que anoten sus ideas y sus conocimientos en la pizarra o en sus diarios de indagación. También pueden compartir esta información a través de herramientas digitales como *Padlet*. De esta manera, el docente puede añadirla fácilmente a los portafolios digitales.

**Caso práctico**: Los alumnos pueden mencionar cosas como: "Sé que los osos pueden... hibernar, pescar salmones y protegerse del frío gracias a su denso pelaje".

### Fase 7: Identificar dudas

Anime a los alumnos a repasar sus listas de ideas y a compartir cualquier duda o pregunta que tengan. Si desea motivar a los más pequeños, plantee este tipo de preguntas: *¿Qué falta? ¿Qué te preguntas sobre el tema? Si pudieras aprender algo más sobre tu tema, ¿qué sería?* La mayoría de las veces, los alumnos identifican sus propias dudas y las exploran como parte individual de la indagación en grupo. Algunos grupos pueden identificar una pregunta que quieren explorar juntos.

**Caso práctico**: *Me pregunto si los osos tienen hambre durante la hibernación. Me pregunto si los osos tienen un buen sentido del olfato. ¿Viven los osos en manadas como los lobos?*

### Fase 8: Investigar

Ahora que los alumnos han creado listas de "Lo que sabemos" y compartido sus dudas, es el momento de comenzar la fase de investigación del camino de indagación. Por lo general, los grupos investigan varios temas al mismo tiempo.

Para ayudarlos en esta experiencia de indagación personal, les ofrecemos herramientas y procesos que mejoren su organización.

A nuestros alumnos más pequeños les entregamos pequeños cuaderno de investigación donde pueden anotar lo que van aprendiendo. Estos cuadernos, de unas ocho páginas, contienen diferentes indicaciones para estimular su investigación, su aprendizaje y sus preguntas. Recomendamos que los más pequeños documenten su investigación a través de ilustraciones y que en ellas usen los sonidos iniciales de las palabras para etiquetar objetos. Añadir unas pocas palabras (o frases enteras) o pequeñas reflexiones escritas por un adulto puede resultar muy útil.

Dependiendo de la preparación y edad de los alumnos, puede profundizar más en este tema. En lugar de pequeños cuadernos, puede emplear libros de investigación más grandes o versiones digitales como presentaciones de *Google*. Comience con una portada, proporcione espacio para que los alumnos dibujen y escriban sus curiosidades y preguntas e incluya algunas indicaciones. Estas son algunas de nuestras favoritas:

- Describe las características [de tu tema] y etiqueta sus partes.
- ¿Qué hace [tu tema]?
- ¿Qué cambios experimenta [tu tema] debido al entorno?
- ¿Qué necesidades tiene [tu tema]?
- ¿Qué hechos únicos has descubierto [sobre tu tema]?

Estas indicaciones se adaptan fácilmente a cualquier tema de indagación y reflejan las principales características (o la información *necesaria*) de una indagación específica.

Cada alumno usa un cuaderno de investigación independientemente del tema. Normalmente, progresamos juntos en la investigación; todos los alumnos avanzan al mismo ritmo y siempre están en la misma página de sus cuadernos, ya sea a través de libros de actividades, *Kiddle* (un buscador visual para niños), sitios web para niños o plantillas de investigación (ver Capítulo 8).

En este capítulo, le hemos invitado a reflexionar sobre los alumnos, el currículo y la evaluación y le hemos pedido que identifique metas y objetivos de aprendizaje, provocaciones y recursos, y herramientas de evaluación formativa y sumativa. Durante la fase de investigación, tenga en cuenta la planificación inicial de la unidad de indagación. Integre los trabajos de los alumnos en la indagación para asegurarse de que aprenden lo que había planificado. A lo largo de esta fase, reflexione y revise para confirmar que cada alumno adquiere los conocimientos y las habilidades que usted desea. Estructure donde corresponda para apoyar mejor a aquellos que pueden necesitar más tiempo y atención.

**Caso práctico**: Algunas de las sugerencias que utilizamos en nuestro cuaderno tienen que ver con las necesidades, las características, el hábitat y los cambios estacionales, y cómo influyen en la vida de los animales.

### Fase 9: Establecer conexiones transdisciplinares

Una vez iniciada la fase de investigación, tenga en cuenta introducir nuevas provocaciones para ver qué otras preguntas, dudas y curiosidades pueden surgir en la indagación.

Conviene buscar activamente oportunidades para fomentar las conexiones con otros temas académicos. Estos nexos naturales entre temas, que trascienden disciplinas y asignaturas, ayudan a nuestros alumnos a comprender la importante interconexión del mundo que nos rodea. Participar en un experimento científico descubierto en *Pinterest*, elaborar un diario sobre el aprendizaje en lengua y literatura, dar un paseo en la naturaleza, elaborar un mapa de las actividades de ciencias sociales o realizar una actividad física que imite la ecolocalización de los murciélagos, un solo tema relacionado con los animales puede llevar a una multitud de experiencias de aprendizaje.

**Caso práctico**: Recopile las investigaciones y observaciones de cada grupo y, a través del comportamiento de los animales elegidos, cree un juego interactivo para la clase de Educación Física o de Psicomotricidad. Haga que cada grupo enseñe su propio juego al resto de la clase.

## Fase 10: Ejecutar, Reflexionar y Revisar

Compartir los conocimientos es la fase final del camino de indagación. Proporcione oportunidades para que sus alumnos reciban *feedback* (o comentarios) constructivos a lo largo de este proceso, y ofrézcales el lenguaje necesario para autoevaluar su trabajo. Dedique tiempo a reflexionar y revisar estos aspectos antes de que demuestren sus conocimientos y después de ofrecerles su *feedback*. Tenga en cuenta estas estructuras de apoyo y busque formas de capacitar a los alumnos para que vayan creciendo y mejorando a lo largo de la unidad de indagación. Durante esta fase, intente compartir públicamente los conocimientos para que otras personas puedan ser testigos de este increíble proceso de aprendizaje, así como del trabajo duro y la determinación que demostraron los alumnos. En el capítulo 10 explicamos algunas maneras de hacerlo.

> **Caso práctico**: Cada grupo de alumnos elabora y cuelga un mural donde se representa todo aquello que sus animales necesitan para sobrevivir (hábitat, comida, protección, etc.).

Ahora que ya ha desarrollado un proceso claro para planificar la indagación en el aula, es hora de explorar los tipos de indagación del alumno y observar más de cerca la indagación en su práctica docente.

## #INQUIRYMINDSET EN ACCIÓN

Al comienzo de este capítulo, le pedimos que tuviera en cuenta **a los alumnos**, **el currículo** y **la evaluación**. Este consejo le ayudará a planificar la indagación en el aula. Reflexione sobre los temas y unidades que haya realizado en el pasado o las que vaya a planificar en un futuro próximo. ¿Cree que hay algo que, con un ligero ajuste o una posible revisión, se pudiera conectar con el ciclo de indagación? Cuando reflexione sobre este capítulo, lleve a cabo dichos ajustes y revisiones, ponga en práctica su plan de indagación y comparta el proceso con nuestra comunidad *#InquiryMindset*.

# LOS TIPOS DE INDAGACIÓN DEL ALUMNO

Cuando yo (Trevor) adopté por primera vez un enfoque basado en la indagación, descubrí que cada vez que los alumnos exploran un tema que realmente les apasiona, suceden cosas realmente increíbles: aumenta el compromiso, mejora la asistencia y la ética laboral, se adquieren habilidades del siglo XXI, se fomenta la colaboración en el aula, y la evaluación de los conocimientos se vuelve más clara y precisa.

Hace tiempo, una experiencia con un alumno me demostró que estaba en lo cierto. Aquel estudiante se llamaba Chris.

Chris era un chico tímido e introvertido del último curso antes de entrar en la universidad. Solo levantó la mano una vez durante un debate en clase, y fue para pedir permiso para ir al baño. No le gustaba expresar sus sentimientos y no parecía tener demasiada confianza en sí mismo, pero cuando llegó el momento de explorar una pasión a través de un proyecto de indagación libre, descubrí una faceta de su personalidad cuya existencia ignoraba por completo.

Chris era un lector empedernido de novelas fantásticas y un verdadero artista. Para su proyecto de indagación libre, planteó la siguiente pregunta esencial: *¿Cómo puede el simbolismo ahondar la comprensión del lector sobre un tema específico en una serie de novelas fantásticas?* Chris decidió tratar el tema a través de una serie de pinturas montando una exposición en el aula, planificando minuciosamente su presentación. En total, realizó doce pinturas para las cuatro novelas objeto de su exploración. Escribió una declaración de artista y expuso el objetivo y alcance de la saga ante el público presente. Cada obra iba acompañada de una breve descripción en la que se explicaba cómo había descubierto el simbolismo en su lectura y cómo se representaba en cada una de sus pinturas. A continuación, lideró a sus compañeros a una ronda de preguntas y respuestas para concluir el paseo por la galería.

A todos nos sorprendió su talento. En primer lugar, habló sobre su trabajo con total confianza. Sabía muy bien lo que hacía y se notaba que le encantaba compartir las conclusiones de su investigación. Chris habló más durante su presentación que en todo el curso. Tratar un tema que realmente le interesaba y le apasionaba fue lo que le dio confianza y marcó la diferencia. En segundo lugar, su obra era increíble. Decir que era un "buen artista" sería quedarse corto. Cada pintura representaba el simbolismo de manera única; además, en su conjunto, existían fuertes sinergias entre las diferentes obras. La clase quedó impresionada con su presentación.

Durante la ronda de preguntas y respuestas, un compañero le preguntó cómo se había convertido en un artista tan extraordinario. La respuesta de Chris nos dejó a todos boquiabiertos. Nos explicó que, desde infantil hasta primaria, no había pronunciado ni una sola palabra en el colegio. Lo que sí hizo, en cambio, fue dibujar en sus cuadernos. Garabateó y pintó durante tres años seguidos en lugar de expresarse o hablar. En tercero de primaria, tras ser sometido a diferentes pruebas, descubrió que sufría dislexia. Sus dibujos eran un mecanismo de defensa en un mundo lleno de incertidumbre. Como no entendía lo que sucedía en clase, trataba de darle sentido a su entorno dibujando. El talento que ahora admirábamos en clase se había formado durante aquellos primeros y difíciles años. Su sinceridad fue una experiencia muy emotiva para todos nosotros.

Historias como la de Chris me convencieron de que los alumnos necesitaban desarrollar proyectos de indagación libre en clase y vivir experiencias similares. Sin embargo, al año siguiente, algunos de mis alumnos se sintieron abrumados y poco preparados para desarrollar este enfoque personalizado del aprendizaje. La indagación libre les producía cierta ansiedad y, pensándolo bien, sentí que yo tenía la culpa. Los había forzado a lanzarse a la parte más profunda de la piscina de la indagación sin antes haber adquirido las habilidades y los conocimientos necesarios para tener éxito a través de la agencia en el aprendizaje. Aquí es donde entran en juego los tipos de indagación del alumno.

Los tipos de indagación del alumno es un enfoque estructurado que permite fomentar la indagación en el aula, potenciar paulatinamente la agencia de los alumnos y proporcionar las habilidades, conocimientos y comprensión necesarios para que tengan éxito en su indagación

Es importante presentar los tipos de indagación del alumno al comienzo del curso. Así, en los meses siguientes, podemos explicar cómo influyen en nuestro aprendizaje y en nuestro tiempo. En la indagación se obtienen mejores resultados cuando existe una estructura; por tanto, es importante planificar el alcance y la secuencia de la indagación para todo el curso. En pocas palabras, comenzamos con un modelo de indagación estructurada, hacemos la transición a una indagación controlada, continuamos con una indagación guiada y, si todo va bien, concluimos con una indagación libre. Dado que estos tipos de indagación corresponden a cuatro grandes unidades de estudio, todas ellas enmarcadas dentro de una pregunta esencial con elementos de indagación evidentes en todo momento, los trimestres del año escolar se organizan en base a ellos y dedicamos el mismo tiempo a cada una de las indagaciones.

La estructura es fundamental en nuestro camino de indagación. Con demasiada frecuencia, los docentes empujan a sus alumnos a la parte más profunda de la piscina de la indagación y entran directamente en la indagación libre, como yo había hecho con Chris. No podemos culparlos; las preguntas esenciales que los alumnos plantean, así como las demostraciones del aprendizaje que crean, son muy significativas y conectan con su público. Pero si usted comienza directamente por la indagación libre puede provocar que sus alumnos acaben abrumados y poco preparados. Según nuestra experiencia, si no se ceden las riendas del aprendizaje en el aula, si no se potencia ni se estructura en base a los tipos de indagación, los alumnos no se sentirán tan seguros, apoyados y capacitados a lo largo del camino de indagación.

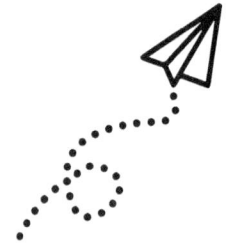

No empuje a sus alumnos a la parte más profunda de la piscina de la indagación sin antes haberlos capacitado con los tipos de indagación del alumno.

Gracias a los tipos de indagación, nuestros alumnos van ganando confianza en su camino de indagación. Hacen que estén conectados con su aprendizaje, seguros de cómo explorar sus pasiones, intereses y curiosidades, y se sientan cómodos con su papel. Los tipos de indagación del alumno permiten ceder paulatinamente las riendas del aprendizaje que comenzamos a principios de curso.

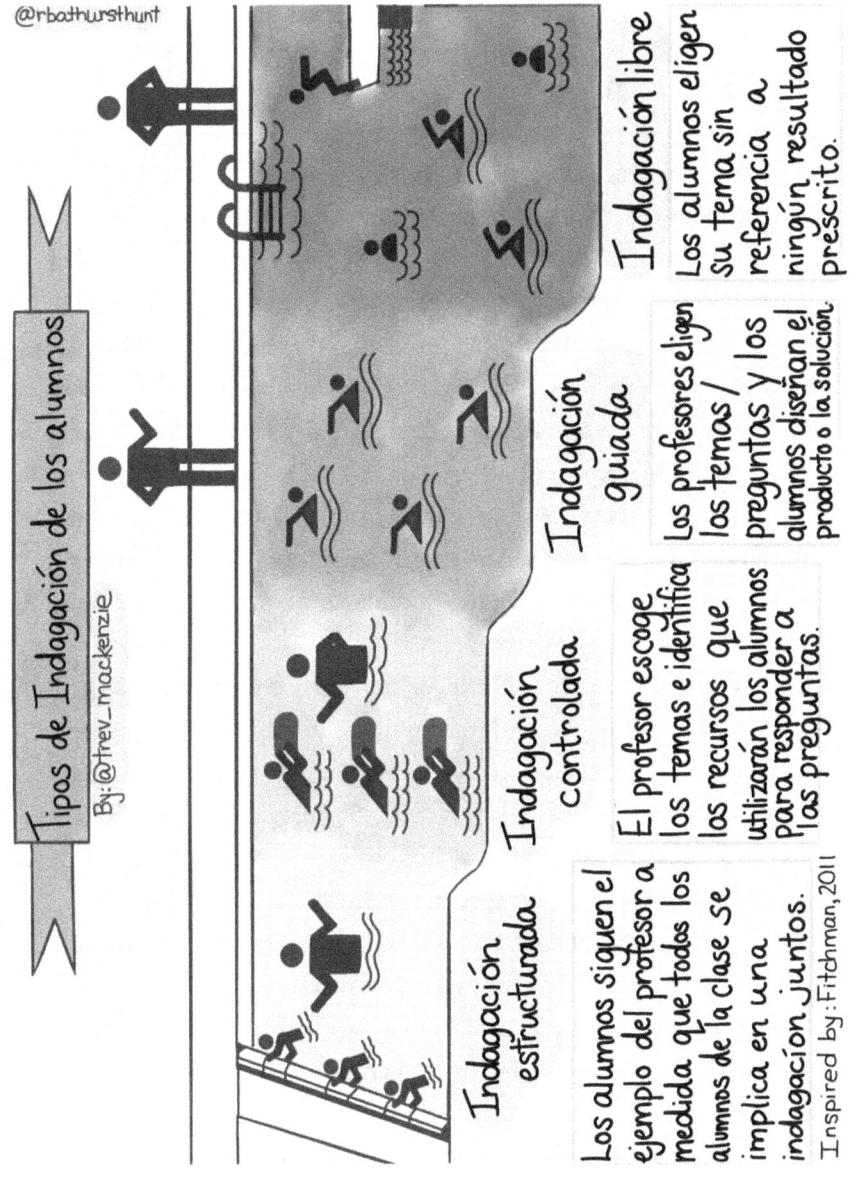

Tipos de Indagación de los alumnos

@rbathursthunt

By: @trev_mackenzie

Inspired by: Fitchman, 2011

**Indagación estructurada**
Los alumnos siguen el ejemplo del profesor a medida que todos los alumnos de la clase se implica en una indagación juntos.

**Indagación controlada**
El profesor escoge los temas e identifica los recursos que utilizarán los alumnos para responder a las preguntas.

**Indagación guiada**
Los profesores eligen los temas / preguntas y los alumnos diseñan el producto o la solución.

**Indagación libre**
Los alumnos eligen su tema sin referencia a ningún resultado prescrito.

## LOS CUATRO TIPOS DE INDAGACIÓN DEL ALUMNO

**Estructurada**: Los alumnos siguen el ejemplo del docente mientras toda la clase participa en una indagación conjunta. En el extremo estructurado de la piscina de la indagación, el profesor tiene control total sobre la pregunta esencial, los recursos que los alumnos van a utilizar para desarrollar la comprensión, la demostración específica que van a usar para documentar su aprendizaje y la tarea de desempeño que van a completar para demostrar su comprensión.

**Controlada**: El profesor elige temas e identifica los recursos que los alumnos van a utilizar para responder a las preguntas. En la parte controlada de la piscina de la indagación, el docente plantea varias preguntas para que los alumnos las analicen. De esta manera, pueden profundizar su comprensión a través de los diversos recursos del docente, que brindan un contexto valioso y un amplio significado a las preguntas esenciales. Los alumnos demuestran su aprendizaje mediante una tarea de desempeño.

**Guiada**: El profesor elige los temas y las preguntas, y los alumnos diseñan un producto o una solución. En la parte guiada de la piscina de la indagación, el docente da aún más importancia a la agencia de los alumnos y plantea una única pregunta esencial (o una selección de ellas) para que los alumnos la analicen, busquen dónde encontrar respuestas y decidan cómo demostrar su comprensión.

**Libre**: Los alumnos eligen sus temas sin hacer referencia a ningún objetivo establecido. En el extremo más profundo de la piscina de la indagación, quizás el más complejo de todos, los alumnos elaboran su propia pregunta esencial, investigan una amplia gama de recursos, personalizan su demostración del aprendizaje y diseñan su propia tarea de desempeño con el apoyo y la ayuda del profesor.

A menudo se piensa, de manera errónea, que los alumnos de primaria van a tener dificultades en la indagación libre. Es cierto que para algunos docentes puede resultar difícil hacer frente a treinta niños que trabajan en treinta preguntas esenciales diferentes. En este caso, es muy probable deban buscar información de diferentes recursos e intentar demostrar sus conocimientos de una manera única. A menudo nos preguntan, "¿Cómo se pueden obtener buenos resultados con tanta independencia?".

Cuando llegamos a la unidad de indagación libre, hemos pasado mucho tiempo analizando la investigación, profundizando nuestro conocimiento sobre las preguntas esenciales y fomentando la mentalidad de indagación. Reflexionamos sobre el diseño de cada unidad de aprendizaje y cada tipo de indagación del alumno. Al hacerlo, vamos poco a poco añadiendo las habilidades necesarias para obtener buenos resultados en la indagación libre:

- Los alumnos han trabajado con una amplia gama de recursos en una variedad de formatos.
- Han utilizado una gran variedad de herramientas para plasmar su aprendizaje (lo que denominamos *la demostración del aprendizaje*).
- Y han demostrado su aprendizaje de varias maneras.

En el momento en que entramos en el extremo de la indagación libre, los alumnos están cada vez más acostumbrado a su papel de *indagador*. Los alumnos pueden ahora identificar sus necesidades de aprendizaje y saben cómo beneficiarse del potencial de la indagación en el aula. La mentalidad de indagación que adquieren los más pequeños les ayuda a reducir los posibles riesgos de la indagación libre. Además, el diseño del curso (a través de los tipos de indagación del alumno) se estructura para respaldar la unidad final de indagación libre.

Nos encanta el marco de tipos de indagación del alumno porque nos brinda una serie de ventajas para preparar mejor a nuestros alumnos a obtener buenos resultados en el aula de indagación y, al mismo tiempo, favorecer una comunidad educativa que profundiza la comprensión y fomenta la agencia de los alumnos. Algunas de estas ventajas se analizan en las siguientes páginas.

## EL CONTENIDO "IMPRESCINDIBLE" SE ANTEPONE A LA INDAGACIÓN LIBRE

Como educadores, uno de los pilares de nuestra profesión es conocer nuestro currículo; conocerlo *a fondo*. En nuestras clases existe una cierta cantidad de contenido "imprescindible". Tener un profundo conocimiento de los objetivos educativos establecidos (y a menudo estandarizados) nos permite integrarlos en todo lo que hacemos durante el año. Lograr un equilibrio entre estos objetivos y la mentalidad de indagación es el reto al que se enfrenta todo profesor indagador. A través de los tipos de indagación del alumno, podemos desarrollar estructuras para lograr ese equilibrio. Incluir este contenido imprescindible en las unidades estructuradas, controladas y, a veces, guiadas, nos permite demostrar que los alumnos conocen perfectamente los objetivos educativos antes de llegar a la indagación libre. Es más, en la unidad de indagación libre no se dejan de lado estos importantes resultados; por el contrario, nos aseguramos de que todo el aprendizaje adquirido en el extremo de indagación libre de la piscina cumple con los estándares académicos del aula. A través de la estructura que aportan los diferentes tipos de indagación, los alumnos se sienten capaces de reflexionar sobre su aprendizaje e incluso identificar los objetivos educativos *por sí mismos*. Esta agencia es un regalo que reciben paulatinamente los alumnos a medida que vamos cediendo las riendas del aprendizaje.

Ceder paulatinamente las riendas del aprendizaje a los alumnos permite a los educadores conocer mejor las necesidades de los estudiantes de hoy en día.

## USO DE LOS PRINCIPIOS DE LA COMPRENSIÓN POR DISEÑO

La llamada comprensión por diseño (*Understanding by Design* o UbD, por sus siglas en inglés) es el marco que utilizamos para definir nuestro aprendizaje a lo largo del año. También denominado diseño *invertido*, este marco es el apoyo más eficaz que hemos encontrado para planificar nuestras unidades. Ideada por Jay McTighe y Grant Wiggins, la comprensión por diseño es una guía de estructura y un proceso de planificación para el currículo, la evaluación y la enseñanza. Si ha ido tanteando la indagación, es probable que haya adoptado este marco en su trabajo.

Las dos principales ideas de la comprensión por diseño se encuentran en su título: por un lado, centrarse en enseñar y evaluar para comprender y aprender; por otro, transferir y diseñar el currículo "al revés" desde esos extremos.

Este marco nos gusta por varias razones. En primer lugar, los docentes tienen que planificar con un fin en mente. Por lo tanto, primero deben aclarar el tipo de aprendizaje que buscan e identificar los resultados educativos que pretenden alcanzar. En segundo lugar, la comprensión por diseño les obliga a pensar en las pruebas de la evaluación necesarias para demostrar que los alumnos han logrado el aprendizaje deseado. Por último, los docentes planifican los medios para alcanzar el fin, la enseñanza, las experiencias de aprendizaje y los recursos necesarios para estructurar la comprensión y ayudar a los alumnos a lograr sus objetivos.

Este marco también nos gusta porque tiene sentido. Si la tarea de desempeño para nuestros alumnos consiste en emplear una gran variedad de estrategias de comprensión para profundizar en el aprendizaje durante la lectura, la comprensión por diseño nos ayuda a planificar nuestra unidad desde esa perspectiva. Para utilizar estas estrategias, los alumnos necesitan llevar a cabo muchas tareas pequeñas pero fundamentales hasta alcanzar la tarea de desempeño. Si trabajamos al revés desde esa tarea, damos apoyo a nuestros alumnos a través de la estructura de las siguientes capacidades y estrategias:

- Resumir
- Secuenciar
- Inferir
- Comparar y contrastar
- Sacar conclusiones
- Hacer autocrítica
- Acceder a conocimientos previos

Todos estos ejemplos proporcionan la base de las habilidades, las destrezas, la preparación y el conocimiento necesarios para llevar a cabo la tarea de desempeño y usar una variedad de estrategias de comprensión para profundizar en el aprendizaje durante la lectura.

En las aulas de indagación de secundaria y bachillerato, hablamos abiertamente sobre los principios de la comprensión por diseño con nuestros alumnos. Esto refuerza su capacidad para planificar, iniciar, revisar y ejecutar con éxito una unidad de indagación libre. Además, aquellos que mejor dominan esta comprensión se vuelven expertos en mejorar su tarea de desempeño, algo que resulta especialmente importante entre los más pequeños. Cuando demostramos cómo se estructura esta tarea a través de evaluaciones formativas, el *feedback* oportuno y significativo, y el desarrollo de habilidades, hemos descubierto que los alumnos comprenden lo que pueden hacer para mejorar su trabajo y enriquecer su comprensión. Juntos cultivamos una base metacognitiva para el aprendizaje, un paso fundamental para fomentar la mentalidad de indagación.

> Una base metacognitiva para el aprendizaje es un paso fundamental para fomentar la mentalidad de indagación.

El marco de la comprensión por diseño se puede emplear para la planificación de cualquier unidad futura o para fijar los objetivos a los que se enfrentarán los alumnos. Este marco les ayuda a identificar su objetivo, planificar los pasos y tomar las medidas necesarias para lograrlo. En cada tipo de indagación del alumno, describimos la unidad de principio a fin y utilizamos un lenguaje común para ayudar a los alumnos a entender mejor la comprensión por diseño. ¡El impacto de esta estructura de planificación en la mentalidad de indagación es extraordinario!

Colgamos el *sketchnote* de los tipos de indagación del alumno en clase y lo consultamos con frecuencia a lo largo del aprendizaje. A medida que vamos pasando de la indagación estructurada a la controlada y a la guiada, reflexionamos constantemente sobre algo más que la pregunta esencial y los recursos con los que interactuamos. Hablamos de nuestro aprendizaje, la colaboración y la estructura de nuestro aprendizaje para desarrollar una tarea de desempeño. La combinación de la indagación y los principios de la comprensión por diseño hacen posibles estas oportunidades de aprendizaje extraordinarias.

## LOS ALUMNOS DEL SIGLO XXI, O LA MENTALIDAD DE INDAGACIÓN

Los tipos de indagación del alumno nos permiten abordar muchas de las habilidades *interpersonales* necesarias para navegar en el mundo actual; un mundo en el que ciertas características del aula tradicional (como memorizar hechos y realizar tareas rutinarias) son cada vez menos importantes. La curiosidad, la creatividad, la iniciativa, el pensamiento multidisciplinario y la empatía preparan a los alumnos para un mundo en constante cambio. Si a esto le añadimos una mentalidad de crecimiento, determinación y carácter, descubrimos que el aprendizaje basado en la indagación y los tipos de indagación del alumno nos brindan una estructura más apropiada para preparar a nuestros alumnos para los desafíos del futuro.

A continuación, algunas "fichas" de indagación y los componentes principales de cada unidad. En ellas se explican los tipos de indagación del alumno tal y como se desarrollarían en diferentes cursos y asignaturas. Puede usarlas como inicio a la indagación en su clase.

El aula tradicional se basaba en la memorización de hechos y la realización de tareas rutinarias, y eso ya no es suficiente. El aula del mañana necesita algo diferente. El aula del mañana necesita los tipos de indagación del alumno.

## Tipo de indagación del alumno: Estructurada

### Curso y asignatura: Matemáticas de primaria

**Pregunta esencial**: ¿Cómo se pueden representar los números de diferentes formas? **Recursos, trabajos y experiencias**: *Remarkable Cuisenaire Rods: Mathematical Tasks for Primary Classrooms* de Carole Fullerton, regletas de Cuisenaire, tiempo de exploración, números impresos y plastificados con puntos asociados.

**Demostración del aprendizaje**: En parejas o individualmente, los alumnos deben hacer coincidir las regletas de Cuisenaire con las tarjetas numéricas y así demostrar que cada una de ellas representa un número diferente. A su vez, los números y las cantidades pueden representarse con las regletas de Cuisenaire.

**Tarea de desempeño**: Los alumnos…

- Explorarán con las regletas de Cuisenaire.
- Ordenarán las regletas de Cuisenaire de la más pequeña a la más grande y así descubrirán una conexión entre el tamaño y los números.
- Buscarán patrones y conexiones con las tarjetas numéricas.

### Curso y asignatura: Ciencias sociales de primaria

**Pregunta esencial**: ¿Cómo podemos compartir la historia de los pueblos indígenas a través de cuentos?

**Recursos, trabajos y experiencias**: Invitamos a una persona de cierta edad de origen indígena a hablar sobre su vida, compartir alguna historia de carácter cultural y responder a las preguntas de los alumnos. Antes de la visita, piense en algunas de las preguntas que se pueden formular para aprender más sobre la importancia de la tradición oral de los pueblos indígenas.

**Demostración del aprendizaje**: los alumnos pueden utilizar pizarras para anotar las respuestas a sus preguntas. Después, participan en un debate con todo el grupo para reflexionar y compartir sus sentimientos, preguntas, conclusiones y aprendizaje.

**Tarea de desempeño**: Los alumnos…

- Compartirán una historia importante para ellos.
- Ilustrarán su historia, así como escribirán y compartirán un texto que la acompañe.

## Curso y asignatura: Ciencias naturales de quinto a sexto de primaria

**Pregunta esencial**: ¿Cuáles son las tres leyes del movimiento de Newton?

**Recursos, trabajos y experiencias**: Libros de no ficción y *Kiddle* para la investigación en línea.

**Demostración del aprendizaje**: Cada alumno forma parte de uno de los tres grupos de debate. Cada grupo analiza una de las leyes de movimiento de Newton. Los alumnos utilizan un organizador gráfico para documentar su comprensión de la ley del movimiento que están investigando.

**Tarea de desempeño**: Cada grupo…

- Trabajará en grupo para escribir una canción, de cualquier género, explicando la ley del movimiento.
- Compartirá su canción con los otros grupos, la clase tiene ahora tres canciones que explican las leyes del movimiento de Newton.

## Tipo de indagación del alumno: Controlada

### Curso y asignatura: Ciencias naturales de primaria

**Pregunta esencial**: ¿Cuáles son las necesidades de los osos que viven en Columbia Británica?

**Recursos, trabajos y experiencias**:

- Textos de no ficción (copias impresas): Lectura programa en línea *Reading A to Z*.
- Una pequeña mesa de provocación de juegos con minimundos; pensar en: osos, cuerdas, rocas, palos, cestas como cuevas, bloques naturales, árboles de juguete, etc.
- Crear un área que represente la vida en una cueva.
- Participar con su colegio en un programa que tenga relación con este tema.
- Leer y contar historias sobre animales autóctonos.
- Realizar un estudio sobre algún artista que trabaje con el arte animal.

**Demostración del aprendizaje**: A través de la investigación, los alumnos completan una plantilla de investigación incluyendo datos sobre la apariencia, el hábitat, la comida, los cambios estacionales y demás datos interesantes sobre los animales.

**Tarea de desempeño**: Los alumnos…

- Dibujarán su animal.
- Usarán un iPad para sacar fotos de su dibujo.
- Elegirán uno o dos datos interesantes para escribir y hablar en clase.
- Usarán *ChatterPix Kids* (una aplicación gratuita para iPad con la que docentes y alumnos pueden poner voz a cualquier imagen) para fotografiar el dibujo de su animal

y grabar un audio con la información correspondiente. Estos proyectos se comparten con todo el grupo a través de portafolios digitales o blogs de los alumnos.

### Curso y asignatura: Educación Artística de primaria

**Pregunta esencial**: ¿Qué tipo de elementos visuales (línea, figura, textura, color, forma, etc.) utiliza Ted Harrison, un destacado artista canadiense, en sus pinturas?

**Recursos, trabajos y experiencias**: Diversos ejemplos del trabajo de Ted Harrison y libros infantiles: *Children of the Yukon*, *A Northern Alphabet* y *O Canada*.

**Demostración del aprendizaje**: Los alumnos utilizan un organizador gráfico para tomar notas e ilustrar con ejemplos los tipos de líneas, formas, texturas o colores utilizados.

**Tarea de desempeño**: Los alumnos...

- Elegirán una de las obras de Ted Harrison para recrearla con el material disponible en clase.
- Reflexionarán oralmente o por escrito sobre la elección de la obra y cómo piensan representar el estilo artístico de Ted Harrison a través de una obra propia.

### Curso y asignatura: Educación física y salud de Educación Secundaria Obligatoria (ESO)

**Pregunta esencial**: ¿Qué relación hay entre la alimentación, la actividad física y la salud mental?

**Recursos, trabajos y experiencias**: Visitas de nutricionistas para explicar la relación entre una alimentación sana y la salud mental. Los alumnos realizan varios tipos de actividades físicas (carreras, circuito, deportes de equipo, yoga, danza, escalada, etc.) durante todo el año en educación física.

**Demostración del aprendizaje**: Los alumnos elaboran las preguntas que desean plantear a los nutricionistas y anotan las respectivas respuestas. Reflexionan igualmente sobre cómo se sienten antes, durante y después de cada actividad física en la que participan y anotan sus reflexiones en los diarios de actividades.

**Tarea de desempeño**: Los alumnos…

- Crearán un anuncio de una página explicando cómo influyen la alimentación equilibrada y la actividad física en la salud mental. Los alumnos pueden elaborar el anuncio a mano o utilizar una herramienta digital (como puede ser *Canva*). Esta tarea debe hacerse pensando en que se va a compartir con la clase.
- Crearán un eslogan que acompañe al anuncio.

## Tipo de indagación del alumno: Guiada

### Curso y asignatura: Ciencias de primaria

**Pregunta esencial**: ¿Cómo se mueven los objetos? ¿Se mueven por sí solos? ¿Existe una fuerza capaz de mover ciertos objetos?

**Recursos, trabajos y experiencias**: Los alumnos pueden usar ventiladores y secadores de pelo para experimentar con el viento en clase, realizar experiencias con cometas al aire libre, buscar información sobre cometas en libros y vídeos de *YouTube*, hacer una excursión a un lugar donde volar cometas y emplear materiales reciclados y ¡mucha cinta adhesiva!

**Demostración del aprendizaje**: Los alumnos exploran e investigan sobre el movimiento de los objetos experimentando con el viento y el aire. Además, anotan sus conclusiones sobre todo aquello que se mueve (o no) en el viento en una plantilla de investigación. Analizan las cometas y descubren los tipos de materiales y prototipos que mejor vuelan con el viento.

**Tarea de desempeño**: Los alumnos…

- Elegirán la forma de la cometa que quieren diseñar y crear su prototipo de papel.
- Explorarán al aire libre o con ventiladores y secadores de pelo para observar el vuelo y movimiento de su prototipo con el viento. A partir de sus conclusiones, pueden reflexionar y revisar sus planes.
- Elegirán materiales para diseñar y crear sus cometas.
- Irán a un lugar cercano donde volar cometas para experimentar con sus cometas.
- Reflexionarán oralmente sobre su experiencia y comentarán qué cambios harían la próxima vez.

### Curso y asignatura: Matemáticas de primaria

**Pregunta esencial**: ¿Cuáles son las diferentes formas de ganar dinero para alcanzar un objetivo financiero?

**Recursos, trabajos y experiencias**: Lectura del libro *Isabel 's Carwash*, de Sheila Blair.

**Demostración del aprendizaje**: Organizar un debate en clase para aportar ideas sobre las formas en las que se puede ganar dinero para alcanzar un objetivo financiero (vender tartas, realizar tareas domésticas, ayudar a los vecinos con el trabajo en el jardín, pasear perros, vender palomitas de maíz, etc.). Proponer diferentes opciones que los alumnos consideren interesantes para que analicen la logística de cada una de ellas.

**Tarea de desempeño**: Los alumnos …

- Elegirán alguna de las formas de ganar dinero. Los alumnos pueden trabajar de forma independiente o en grupos.

- Crearán un plan para ganar dinero según la forma elegida.
- Planificarán sus ingresos en un plazo de dos semanas. Deben documentar, bien a través de notas en su diario cada vez que ganen dinero, bien a través de fotografías para registrar las etapas de un determinado proyecto (por ejemplo, la venta de tartas).
- Compartirán su plan de ingresos con la clase y la cantidad que han ganado transcurridas las dos semanas.

Si se desea continuar la tarea de desempeño, los alumnos pueden planificar qué hacer con su dinero.

### Curso y asignatura: Educación Artística de ESO

**Pregunta esencial**: ¿Cómo comunican los artistas mensajes a través de su arte?

**Recursos, trabajos y experiencias**: Los alumnos investigan en *YouTube*, organizan visitas de artistas locales y asisten a experiencias artísticas locales (visita a una galería de arte, espectáculos, etc.). Pueden investigar sobre los artistas a través de libros, búsquedas en Internet y lecturas de blogs.

**Demostración del aprendizaje**: Los alumnos experimentan diversas formas artísticas e investigan la manera en que los artistas se comunican a través de una forma artística específica. Pueden hacerlo usando libros, Internet, entrevistas, lecturas de blogs y artículos, etc.

**Tarea de desempeño**: Los alumnos pueden…

- Elegir un artista o una obra para analizarla.
- Compartir y reflexionar sobre el mensaje que creen que el artista intenta transmitir y la manera en que lo hace. Los alumnos pueden plantearse preguntas como "¿Crees que

el artista intentaba transmitir este mensaje?" o "¿Qué otros mensajes puede percibir el público a través del arte?".

- Reflexionar mediante un audio, imágenes fijas de una obra de arte, un ensayo o una presentación oral.

Si cree que está preparado para planificar una unidad de indagación, le sugerimos empezar con una unidad estructurada, basada en un tema que ya haya enseñado anteriormente. También le recomendamos que empiece por algo sencillo y con un fin en mente.

## EMPIECE CON UNA UNIDAD DE INDAGACIÓN ESTRUCTURADA

Cuando se adopta la indagación por primera vez, es más fácil centrarse en una sola pregunta esencial, un recurso, una demostración del aprendizaje y una tarea de desempeño. Hemos comprobado que empezar con una unidad de indagación estructurada permite a nuestros alumnos sentirse más seguros con este nuevo modelo educativo. Además, podemos reflexionar sobre el diseño de la unidad, el proceso de aprendizaje y el papel de los alumnos en la indagación. En conjunto, todo ello constituye una base sólida para nuestro camino de indagación a lo largo del curso. Empiece con calma. Reflexione. Vuelva a intentarlo.

## EMPIECE CON UN TEMA O UNA UNIDAD QUE YA HAYA ENSEÑADO

Ahora que ha decidido lanzarse de lleno a la piscina de la indagación, utilice un tema o unidad que ya haya enseñado y que de verdad haya influido en sus alumnos. Reformule el tema o la unidad para empezar con una pregunta esencial sólida. Dado que ya está familiarizado y se siente cómodo con el material, podrá replantearse mejor cómo llegar a la tarea de desempeño.

## EMPIECE POR ALGO SENCILLO

No es necesario volver a diseñar el curso entero, ni siquiera una unidad. Empiece por algo sencillo. Para tener éxito en la indagación, comience por cambiar únicamente el inicio de sus clases y sus planificaciones con preguntas esenciales. Estructure primero dichas preguntas y reflexione sobre cómo pueden llevar a un aprendizaje más profundo. A continuación, enseñe a los alumnos a formular sus propias preguntas esenciales y a utilizarlas para guiar las actividades, unidades recursos y tareas de desempeño.

## EMPIECE CON UN FIN EN MENTE

Antes de iniciar juntos el camino de aprendizaje, explique a sus alumnos el objetivo al que aspiran. Así, mientras van desgranando la información y desarrollando la comprensión, tendrán la vista puesta en cómo demostrar sus conocimientos. Los principios de la *comprensión por diseño* son una estructura eficaz para lograr esta claridad y apoyo.

## #INQUIRYMINDSET EN ACCIÓN

Como todos sabemos, rara vez el currículo se cubre a la perfección en el aula. Pese a una cuidadosa planificación y ejecución, los docentes son increíblemente hábiles para reflexionar y cambiar sobre la marcha. Aprendemos de nuestros errores y nunca enseñamos la misma unidad dos veces.

Lo mismo ocurre con nuestros alumnos. Los docentes sabemos que el aprendizaje más valioso se produce cuando los alumnos se equivocan, reflexionan sobre sus errores y buscan formas de mejorar, crecer y volver al proceso de aprendizaje mejor preparados.

Reflexione sobre el *sketchnote* de los tipos de indagación del alumno. En su experiencia de indagación, ¿dónde se han desviado las cosas?, ¿Dónde se ha producido el error? y ¿Cómo podría este *sketchnote* ayudar a hacer pequeños cambios para apoyar su *mentalidad de indagación*? Comparta sus reflexiones y experiencias con nuestra comunidad *#InquiryMindset*.

# LA INDAGACIÓN LIBRE

La indagación libre, el tipo más importante de indagación del alumno, es la culminación de nuestro camino en la piscina de la indagación. Los alumnos asumen una mayor agencia en el aprendizaje, lo que les permite perseguir sus pasiones e intereses. A través de la estructura de los tipos de indagación, los estudiantes han adquirido una variedad de habilidades y destrezas de indagación y comprensión que les permiten tener éxito en la indagación libre. Entienden y pueden formular preguntas esenciales, así como una gran variedad de preguntas cerradas. Son capaces de localizar recursos útiles e interesantes y de investigar para comprender. Documentan su aprendizaje y reflexionan, y revisan sobre la marcha. Como profesores indagadores, nuestro papel en esta fase consiste en ofrecer apoyo incondicional a nuestros alumnos para que desarrollen su creatividad, su curiosidad y sus sueños.

Debemos estar pendientes de cómo se sienten nuestros alumnos durante la indagación y si tendrán éxito en su experiencia de indagación libre. Si no han adquirido las habilidades necesarias para consolidar su indagación y, quizás más importante, si se sienten abrumados, ansiosos o incapaces de avanzar, debemos cambiar nuestra estrategia para brindarles el apoyo necesario. Si no están preparados para la indagación libre, nuestra misión es ayudarles. El aula de indagación ofrece grandes oportunidades para diferenciar el aprendizaje, sobre todo durante la indagación libre. Si nuestra clase no ha obtenido los resultados esperados en la indagación guiada, debemos dedicar más tiempo a perfeccionar las habilidades de indagación y preparar mejor a los alumnos para la indagación libre. Sin embargo, si estamos preparados para entrar de lleno en el extremo de indagación libre de la piscina de la indagación, debemos aplicar el marco, los modelos de trabajo y los elementos específicos incluidos en este capítulo. Antes de iniciar la indagación libre, es importante tener en cuenta a los alumnos y ayudarles a perseguir sus pasiones, intereses y curiosidades.

A nuestros alumnos les gusta mucho el *sketchnote* del proceso de indagación porque les hace pensar en la aventura de aprendizaje que van a emprender. Aunque vayan apareciendo dificultades y desafíos en el camino, todos podemos utilizar ese mapa como una guía para los distintos pasos de nuestro camino de indagación. Colgamos esta imagen en grande en clase y hacemos referencia a ella a menudo a lo largo del año. Los alumnos pueden identificar y compartir el lugar del aprendizaje en el que nos encontramos y hacia dónde nos dirigimos. Este *sketchnote*, junto con el de los tipos de indagación del alumno, les permite comprender el marco en el que desarrollaremos la indagación. Esto contribuye al éxito de los alumnos en su unidad de indagación libre y les permite no salirse del camino y reflexionar y revisar sobre la marcha. Además, se crea una estructura común bajo la cual todos podemos trabajar a pesar del alto nivel de personalización que vayamos alcanzando. Nos gusta mucho utilizar el *sketchnote* del proceso de indagación porque une los principios de la comprensión por diseño, mostrando visualmente el destino de nuestro aprendizaje, con los distintos pasos que iremos dando para alcanzarlo.

El verdadero aprendizaje personalizado solo es efectivo cuando se conoce a los alumnos. Este es el primer paso: Conocer a los alumnos.

*Sumérgete en la Indagación* propone un plan y un marco de trabajo para obtener buenos resultados y garantizar el éxito de la planificación y la ejecución de una unidad de indagación. Les pedimos a los alumnos que hablen de algunos de los elementos esenciales de su unidad de indagación libre, de manera que el profesor pueda llevar sus proyectos a buen puerto.

## LA PROPUESTA DE INDAGACIÓN LIBRE

1. ¿Cuál es tu pregunta esencial? Por favor, explica por qué es importante para ti.
2. ¿Cuál es tu tarea o pieza sumativa (*authentic piece**)? ¿Cómo deseas hacer público tu aprendizaje?
3. ¿Qué vas a leer, investigar y estudiar para explorar tu pregunta esencial?
4. ¿Cuáles son los objetivos de tu indagación libre?
5. ¿Qué demostraciones del aprendizaje deseas recopilar para captar todo lo que estás aprendiendo sobre tu pregunta esencial?

---

\* Nota del T. En inglés *Authentic piece* hace referencia a la tarea o pieza sumativa que el alumno elabora para demostrar su aprendizaje. Puede ser una obra artística, una canción, una coreografía, un escrito o cualquier cosa que ellos elijan.

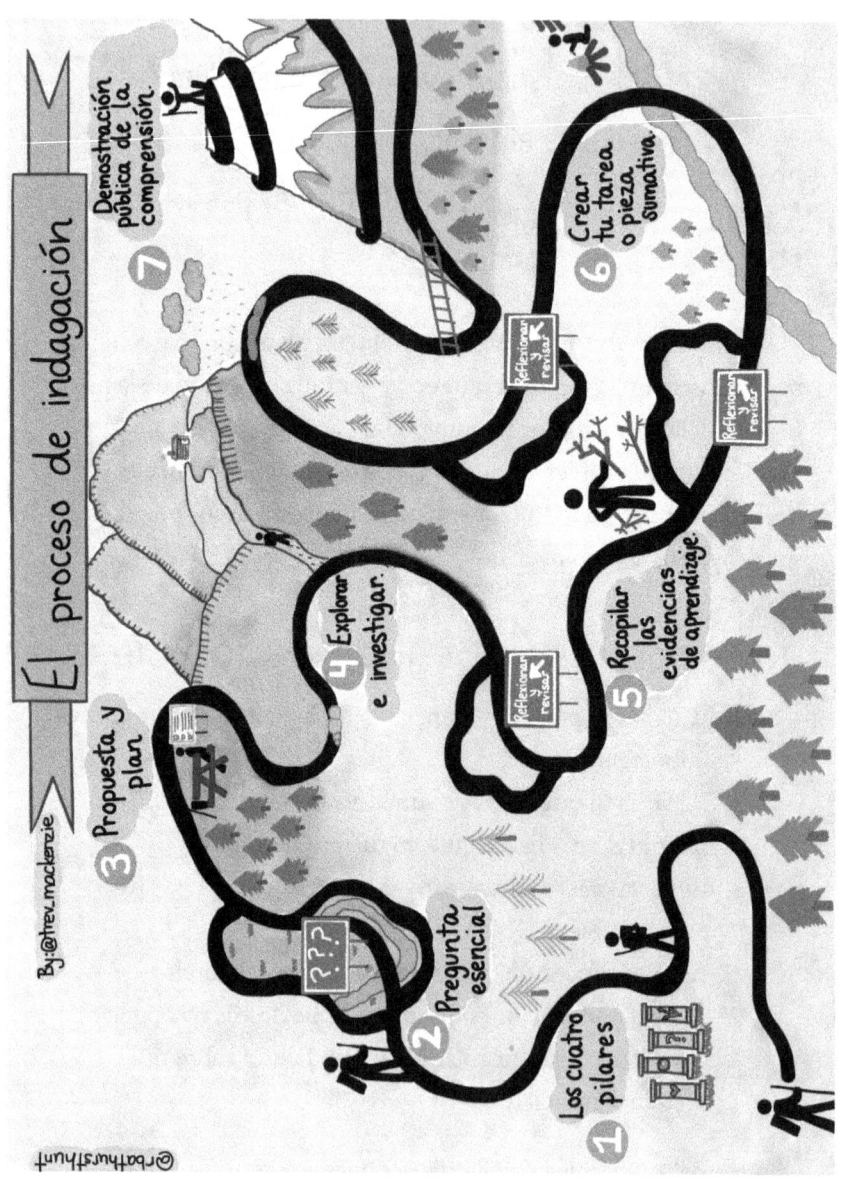

6. ¿Cuál es tu plan? Crea un calendario y un plan diario para que tu unidad de indagación libre se convierta en una experiencia de aprendizaje de éxito.

Da gusto ver cómo el profesor indagador aplica este marco en las etapas de infantil y primaria. Cuando los alumnos pueden hablar o escribir sobre cada uno de los puntos establecidos en el plan y los objetivos correspondientes, sabemos que conocen bien las exigencias de su unidad de indagación libre. Con esto, no queremos decir que sus alumnos le presenten una unidad para que usted la apruebe, ni que sus planes deban tener el mismo nivel de detalle y exigencia que las propuestas de indagación libre para los alumnos de secundaria o bachillerato. Creemos, más bien, que estos puntos cobran mayor importancia cuando los alumnos más pequeños pueden identificarlos, hablar o escribir sobre ellos, y reflexionar y personalizar su camino para adaptarlo a sus intereses y necesidades. Vamos a retomar este proceso de *Sumérgete en la indagación* y explicar cada uno de los puntos para ver cómo funcionan con nuestros alumnos más pequeños.

**Sección 1**: ¿Cuál es tu pregunta esencial? Por favor, explica por qué es importante para ti.

Los alumnos comparten su pregunta esencial y por qué es importante para ellos. Cuando pueden explicar por qué su aprendizaje es significativo para ellos, surgen cosas increíbles. Esto nos da una idea más clara de *por qué* han escogido su tema de indagación y quizás revele cómo podemos apoyarlos mejor en este esfuerzo. Sin embargo, la principal razón por la que les preguntamos por qué su aprendizaje les resulta importante es porque nos muestra el motivo por el que su aprendizaje es relevante y auténtico. El aprendizaje fuera del aula no debería ser diferente al del colegio. Cuando ayudamos a nuestros alumnos a desarrollar un aprendizaje que les resulte relevante, estamos construyendo un puente entre la escuela y la vida. No hacer

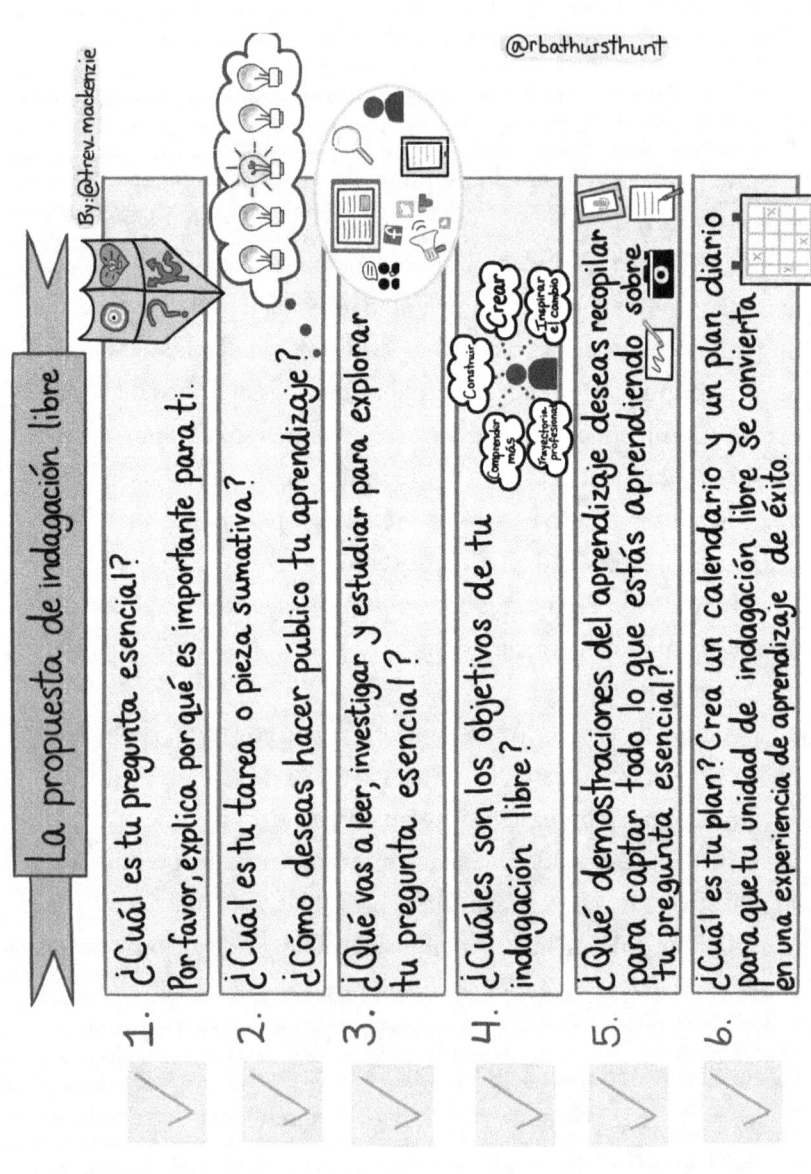

By:@trev.mackenzie

@rbathursthunt

## La propuesta de indagación libre

1. ¿Cuál es tu pregunta esencial?
   Por favor, explica por qué es importante para ti.

2. ¿Cuál es tu tarea o pieza sumativa?
   ¿Cómo deseas hacer público tu aprendizaje?

3. ¿Qué vas a leer, investigar y estudiar para explorar tu pregunta esencial?

4. ¿Cuáles son los objetivos de tu indagación libre?

5. ¿Qué demostraciones del aprendizaje deseas recopilar para captar todo lo que estás aprendiendo sobre tu pregunta esencial?

6. ¿Cuál es tu plan? Crea un calendario y un plan diario para que tu unidad de indagación libre se convierta en una experiencia de aprendizaje de éxito.

esto es uno de los errores del currículo excesivamente estandarizado que suele verse en las aulas tradicionales. Cuando los alumnos profundizan en algo que les apasiona y lo comparten con los demás, inevitablemente su compromiso con el tema tiene un impacto en su público y, a veces, incluso inspira a sus compañeros.

**Sección 2**: ¿Cuál será tu tarea o pieza sumativa? ¿Cómo deseas compartir y hacer público tu aprendizaje?

Los alumnos identifican cómo les gustaría demostrar sus conocimientos y compartirlos con su público. Nos gusta mucho organizar actividades en la clase, en el colegio o en la comunidad (para más información, ver el capítulo 10, "Demostraciones públicas de lo aprendido") y a menudo les pedimos que compartan su aprendizaje a través de un medio que hayamos acordado como comunidad educativa. Para ayudarles a elegir su tarea o pieza sumativa, les planteamos estas preguntas: "Si pudieras demostrar tu comprensión, tus conocimientos, ¿cómo lo harías?" "¿Se te da realmente bien algo que crees que ayudaría a comunicar la comprensión de tu pregunta esencial?"

Disfrutamos mucho cuando los alumnos crean una tarea o pieza sumativa digital para la demostración del aprendizaje porque perdura en el tiempo, suele involucrar al público y se presta muy bien para compartir públicamente su aprendizaje a través de blogs, sitios web, redes sociales o cualquier tipo de aplicaciones, dispositivos y plataformas que hacen visible el aprendizaje. ¡Nos encanta ayudar a nuestros alumnos a demostrar sus conocimientos y compartirlos con los demás!

**Sección 3**: ¿Qué vas a leer, investigar y estudiar para explorar tu pregunta esencial?

Los alumnos identifican lo que van a hacer, leer y ver para profundizar en su comprensión. Sin duda, aprovechan la experiencia y el apoyo de nuestro bibliotecario (para más información, lea el capítulo 8, "Explorar e investigar"). También buscan nexos directos entre sus planes para la unidad de indagación libre y la investigación realizada anteriormente. Para relacionar todas las experiencias de nuestro "muro de preguntas" (una selección visible de las preguntas que surgen en clase) y de nuestra "biblioteca viva" (formada por amigos y familiares o personas que conocemos y que pueden ayudarnos en nuestra investigación —ver el capítulo 7 para más información), los alumnos a menudo optan por entrevistar a alguien como parte de su indagación. Nos encanta este lado auténtico y relevante del plan de indagación libre.

**Sección 4**: ¿Cuáles son los objetivos de tu indagación libre?

Los alumnos identifican algunos objetivos de su unidad de indagación libre. Es muy importante que los más pequeños comprendan que al colegio no venimos solo para obtener una calificación o sacar una buena nota. Les animamos a establecer objetivos personalizados, significativos y alcanzables que tengan un impacto en ellos o en quienes les rodean. A continuación, algunos de los objetivos de los alumnos en anteriores unidades de indagación libre...

- Quiero sorprender y llamar la atención de mi público.
- Quiero que mi aprendizaje inspire a mis amigos.
- Quiero que mis padres se sientan orgullosos de mi aprendizaje.
- Quiero aprender algo nuevo.

Estos objetivos ayudan al profesor indagador a apoyar mejor a sus alumnos en la indagación para alcanzar sus metas. Cuando los alumnos se esfuerzan por lograr sus objetivos, suceden cosas increíbles.

Los alumnos no deben aprender solo para obtener una calificación o sacar una buena nota. Anímelos a establecer objetivos personalizados, significativos y alcanzables que tengan un impacto en ellos o en quienes los rodean.

**Sección 5**: ¿Qué demostraciones del aprendizaje deseas recopilar para captar todo lo que estás aprendiendo sobre tu pregunta esencial?

Los alumnos reflexionan sobre las estrategias de demostración del aprendizaje que hemos perfeccionado a lo largo del curso e identifican las que desean utilizar en su unidad de indagación libre. Independientemente de que elijan una carpeta de indagación, un *Flipgrid*, un *Padlet* o incluso un "repositorio de preguntas" (todo esto se describe en el capítulo 9, "Hacer visible la indagación"), nuestro objetivo es que reflexionen e identifiquen lo que mejor se adapta a su aprendizaje y lo utilicen para apoyar su camino de indagación libre.

**Sección 6**: ¿Cuál es tu plan? Crea un calendario y un plan diario para que tu unidad de indagación libre se convierta en una experiencia de aprendizaje de éxito.

Los alumnos marcan los hitos de su unidad de indagación libre en el calendario. Los de secundaria y bachillerato completan un calendario personal sobre el que reflexionan y revisan durante su unidad de indagación libre. Sin embargo, recomendamos que los más pequeños creen un calendario compartido, que se cuelga en clase y en el que añadimos nuestros objetivos y planes específicos. El profesor indagador establece las fechas de entrega, así como las revisiones, y los alumnos deciden dónde se van a realizar dichas entregas y revisiones. Al hacer público este calendario compartido, el profesor indagador puede hacer un seguimiento y apoyar más fácilmente a los alumnos más pequeños. Además, permite que nos centremos en las grandes ideas e hitos de la unidad de indagación libre. Este plan se revisa a lo largo de la unidad y el profesor indagador puede modificarlo cuando lo considere oportuno. Todos sabemos que es raro que un plan pase de la idea a la ejecución final sin que haya modificaciones, y la unidad de indagación libre no es una excepción. La vida puede interponerse en el camino y la investigación puede entrar en terrenos desconocidos. Si queremos que la indagación llegue a buen puerto, es importante revisar a lo largo del proceso.

Para garantizar la solidez de las unidades de indagación libre, recordamos siempre a los alumnos que sus planes deben ser *alcanzables*, *adaptados a su nivel* y *significativos*.

## LA INDAGACIÓN LIBRE DEBE SER ALCANZABLE

Cuando asumen una mayor agencia en el aprendizaje, los alumnos suelen soñar a lo grande. La unidad de indagación libre no es una excepción. La preparación para este momento tan emocionante puede llevar a los alumnos a abarcar más de lo necesario. Cuando ayudamos a planificar su visión, debemos asegurarnos de que su indagación es factible y alcanzable. Debemos comprobar si pueden acceder, recuperar y utilizar la información que necesitan de manera correcta y eficaz. Analizamos si pueden llevar a cabo una tarea de desempeño de la que se sientan orgullosos. Y, sobre todo, vemos cómo nosotros, los profesores indagadores, podemos apoyarlos mejor en su aprendizaje.

## LA INDAGACIÓN LIBRE DEBE ADAPTARSE A CADA NIVEL

La indagación libre no es *tiempo libre*. Aunque la agencia de los alumnos en el aprendizaje puede llegar a ser muy liberadora, siempre debe existir una relación entre lo que están aprendiendo y nuestro currículo. Los objetivos de aprendizaje de nuestro curso están siempre visibles y debatimos sobre ellos a lo largo del año. Los alumnos deben ser capaces de identificar tanto los objetivos de aprendizaje que han alcanzado como en los que desean centrarse a lo largo de su unidad de indagación libre. Es fundamental proporcionarles el lenguaje necesario para entender y analizar dichos objetivos. Para ello, los hacemos visibles en clase, debatimos sobre ellos durante las experiencias de aprendizaje y pedimos a nuestros alumnos que reflexionen y se autoevalúen sobre la marcha. Así, nos aseguramos de que la indagación libre no sea solo *tiempo libre*, y de que todos los implicados avancen en el aprendizaje.

La indagación libre no es tiempo libre. Aunque la agencia de los alumnos en el aprendizaje puede llegar a ser muy liberadora, siempre debe existir una relación entre lo que están aprendiendo y nuestro currículo.

## LA INDAGACIÓN LIBRE DEBE SER SIGNIFICATIVA PARA LOS ALUMNOS

Como ya mencionamos en la Sección 1, la indagación libre debe ser significativa para los alumnos. Cuando son capaces de expresar con palabras la relevancia personal de su indagación, suceden cosas increíbles: su aprendizaje se conecta con su mundo, su dedicación y compromiso con su tema se intensifica y su público está realmente interesado en saber más sobre su indagación. Se sienten mucho más orgullosos del resultado final que con algo preestablecido o impuesto por el profesor.

A partir de este momento, nos centramos en ayudar a los alumnos a identificar su tema de indagación. Aprovechamos las oportunidades que nos brindan los cuatro pilares de la indagación en el aula.

## #INQUIRYMINDSET EN ACCIÓN

Visite la página web trevormackenzie.com y acceda a los *sketchnotes* gratuitos en alta resolución de *Mentalidad de indagación*. Una vez en el aula, comparta con sus alumnos el *sketchnote* del proceso de indagación, ya sea en la pantalla o en un poster. Inicie un debate en clase y anime a sus estudiantes a utilizar estas tres preguntas: **¿Qué ves? ¿Qué piensas? ¿Qué te preguntas?** Dado que en los próximos meses irá utilizando cada vez más este *sketchnote*, si les presenta el cuaderno del proceso de indagación ahora y observa las respuestas y las dudas que suscitan estas preguntas, obtendrá muchas ideas sobre cómo satisfacer mejor sus necesidades de indagación. Como siempre, comparta su experiencia con nuestra comunidad *#InquiryMindset*.

# LOS CUATRO PILARES
# DE LA INDAGACIÓN

El aprendizaje basado en la indagación puede partir de experiencias, inspiraciones y pasiones diferentes. Es importante definir la indagación desde el principio; nos parece útil para apoyar el aprendizaje, planificar con antelación y reflexionar y revisar sobre la marcha. Los cuatro pilares de la indagación (*Explorar una pasión, Aspirar a una meta, Profundizar en las curiosidades y Asumir un nuevo reto*) proporcionan la estructura y el apoyo necesarios para capacitar a los alumnos a través de este proceso. También proporcionan bases personalizadas para las experiencias de indagación, lo que permite a docentes y alumnos establecer un enfoque de indagación, crear un camino de aprendizaje e identificar una dirección para la investigación a medida que van avanzando. Cada pilar está diseñado para brindar a los alumnos la oportunidad de descubrir la relevancia personal de su experiencia en el aula. En conjunto, estos pilares ofrecen a todos nuestros alumnos un punto de entrada a la indagación y agencia en el aprendizaje.

**Explorar una pasión** permite a un alumno o grupo de alumnos profundizar en la indagación de algo que les apasiona.

**Aspirar a un objetivo** orienta a los alumnos hacia la consecución de un objetivo específico o proporciona un marco para que el profesor indagador cumpla con un modelo educativo, una meta o un objetivo de aprendizaje.

**Profundizar en tus curiosidades** se produce cuando la indagación parte de las curiosidades de los alumnos, que a su vez parten de una provocación, una pregunta, una actividad o una experiencia concretas.

**Asumir un nuevo desafío** es una buena manera de incorporar el aprendizaje de una nueva habilidad, creación, diseño o construcción en las experiencias de indagación.

Estos cuatro pilares también le ayudan, el profesor indagador, a relacionar cualquier indagación con el currículo. Analicemos en detalle cada uno de estos pilares.

## EXPLORAR UNA PASIÓN

Explorar una pasión puede resultar muy estimulante para los alumnos. Dado que las pasiones vienen del corazón y reflejan los intereses y las curiosidades de cada uno, los alumnos suelen tener un cierto conocimiento previo sobre ellas. Lo más probable es que ya las hayan explorado antes, hayan tenido que afrontar diversas dificultades durante su aprendizaje y hayan leído o investigado más sobre ellas. Las pasiones de nuestros alumnos más pequeños suelen ser cosas que conocen bien o en las que ya están trabajando. Por lo general, nos permiten profundizar en el aprendizaje, ya que los alumnos están muy motivados y dispuestos a explorarlas más a fondo. Su conocimiento previo del tema acelera y potencia su indagación.

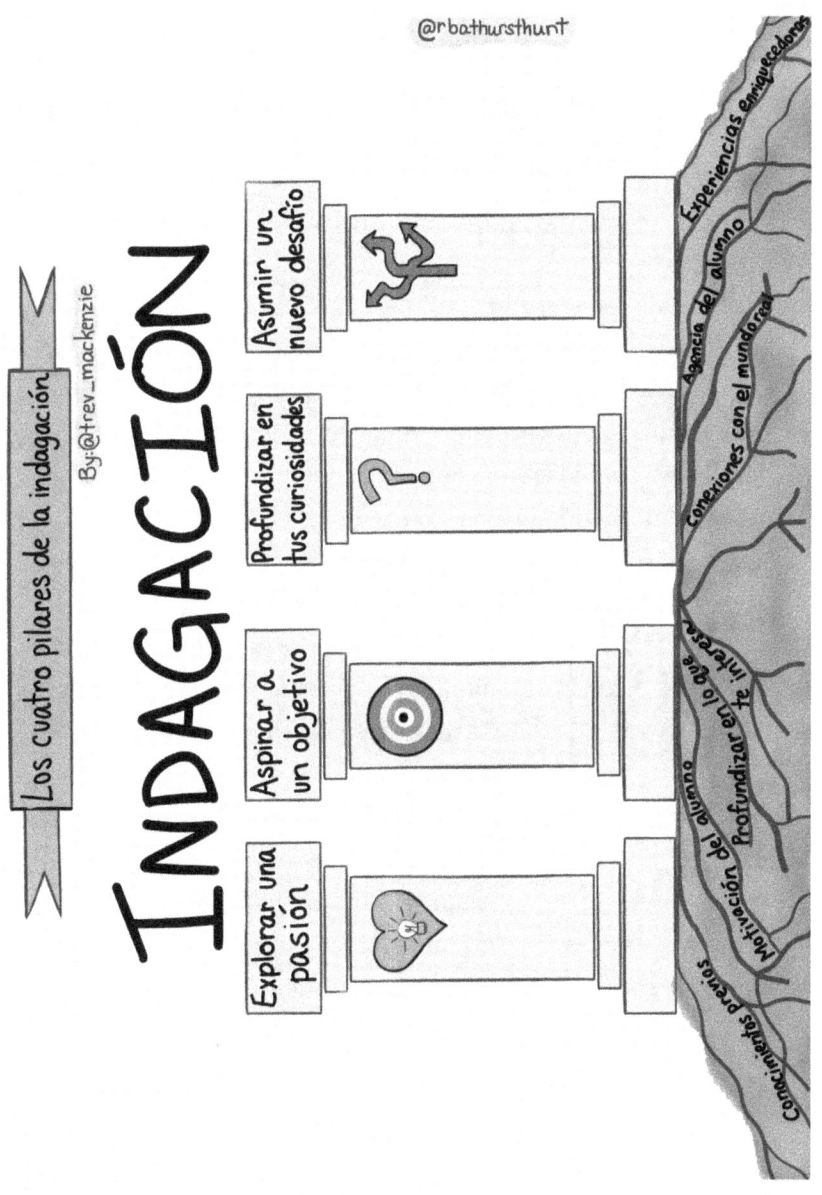

Las pasiones nos permiten profundizar en el aprendizaje, ya que los alumnos están muy motivados y dispuestos a explorarlas más a fondo. Su conocimiento previo del tema acelera y potencia su indagación.

A medida que vamos profundizando en la exploración de las pasiones con nuestros alumnos, nos parece útil ofrecer algunos ejemplos para aportar contexto, compromiso y motivación. En este caso, no utilizamos ejemplos o modelos en los que se explica *cómo* llevar a cabo la indagación; más bien, nuestro objetivo es inspirar a través del impacto positivo en otros jóvenes.

QR Code
Caine's Arcade

La proyección de un cortometraje como *Caine's Arcade*, que se comparte en *Sumérgete en la indagación*, ofrece a los alumnos la oportunidad de entender el impacto que puede tener en un niño perseguir su pasión. Les permite ver las posibilidades y suscitar un amplio debate y análisis del posible proceso de indagación de Caine.

Según nuestra experiencia, este vídeo genera entusiasmo e inspira a los alumnos. Además, lo usamos como objeto de debate en clase planteando las siguientes preguntas:

- ¿Cuál crees que es la pasión de Caine?
- ¿Cómo decidió compartir su pasión?
- ¿Cómo crees que hubiera podido investigar sobre su pasión?
- ¿Qué preguntas crees que se hizo Caine?

- ¿Qué crees que aprendió?
- ¿Hasta dónde crees que podría llegar Caine con su pasión?

Posteriormente, los alumnos comparten sus propias pasiones usando algunas de las preguntas propuestas anteriormente. Dave Shortreed, del distrito escolar de Greater Victoria, describe su experiencia personal con este vídeo:

*Cuando vi por primera vez el cortometraje Caine's Arcade, me llamó mucho la atención el grado de compromiso de este niño en sus proyectos y su aprendizaje. Al día siguiente, llevé un montón de cartones y otros materiales a clase y compartí el vídeo con mis alumnos de quinto de primaria. Los niños se entusiasmaron mucho con el vídeo, así que me pidieron empezar lo antes posible.*

*Formulamos juntos una pregunta abierta: ¿Cómo se puede crear un juego al que pueda jugar otra persona? ¿Qué elementos se necesitan para que alguien se anime a jugar a tu juego? Se les pidió que establecieran conexiones con nuestro aprendizaje y compartieran sus ideas en voz alta con el grupo. Empezaron a relacionar la construcción de una máquina recreativa con nuestro aprendizaje en matemáticas, ciencias y lengua. Mis alumnos fueron los protagonistas todo el tiempo. El entusiasmo generado por el vídeo llevó a que este proyecto pasara de ser un pequeño trabajo de viernes por la tarde a un proyecto de indagación que duró varias semanas. Les proporcioné materiales, tiempo y apoyo. Además, les di mayor libertad para que se dejaran llevar por la energía que les proporcionaba el aprendizaje basado en la indagación. Fue un proceso de aprendizaje extraordinario.*

*Lo que observé fue el gran impacto que tuvo el aprendizaje de mis alumnos en los demás. Eran capaces de empezar una y otra vez, sin necesitar de mi aportación o iniciativa. Los proyectos se iban ajustando cada vez más para mejorar el diseño, el concepto y la calidad. También comprobé que, aunque orgullosos de sus proyectos finales, disfrutaban del proceso de creación de su juego tanto como del resultado. Realicé una actividad parecida en dos colegios diferentes con dos sectores demográficos distintos y, en ambos casos, el resultado fue muy similar.*

*Mis alumnos se sintieron muy empoderados durante estos proyectos de indagación, y ese entusiasmo se plasmó tanto en el proceso como en los productos finales. El aprendizaje en el aula tenía un propósito y, en general, el nivel de compromiso era alto porque la tarea era accesible para todos. Esta experiencia me hizo reflexionar sobre cómo podría volver a crear este tipo de espacios para mis alumnos, espacios en los que pudieran ser dueños de su propio aprendizaje. Como docente, lo más importante fue descubrir que tenía que dejar de lado la dirección que podía tomar el aprendizaje. Solo tenía que comenzar compartiendo una idea, una provocación o una pregunta y, luego, ayudarles a desarrollar su aprendizaje. No era necesario pensar de antemano cada paso, lección o conexión con el currículo, ya que, a medida que íbamos creando, en realidad estábamos desarrollando juntos el aprendizaje y las conexiones.*

## ASPIRAR A UN OBJETIVO

Aspirar a un objetivo puede ser una experiencia muy gratificante y significativa para nuestros alumnos. Pueden identificar un objetivo personalizado y proponerse adquirir una comprensión más profunda a medida que trabajan para alcanzarlo. Los alumnos mayores suelen elegir un objetivo orientado a una carrera profesional o un viaje de fin de curso. Sin embargo, para los más pequeños es mejor aspirar a objetivos que les permitan aprender o dominar nuevas habilidades.

Cuando un alumno desea aprender a hacer música electrónica, tocar la guitarra o tejer, su nivel de motivación es alto porque ha identificado un objetivo intrínseco. Para apoyar este proceso, conviene definir un marco y un calendario que puedan seguir para revisar su crecimiento. Recomendamos el *método de las veinte horas* de Josh Kaufman para aprender una nueva habilidad y compartirlo con los alumnos mayores. En una charla TED, Josh explica cómo se puede aprender una nueva habilidad en veinte horas mediante la práctica deliberada y consciente. Además, especifica los pasos para aprenderla:

"The first 20 Hours: How to learn Anything" by Josh Kaufman

- Deconstruir la habilidad. *¿Qué espero poder hacer?*
- Analizar la habilidad y dividirla en partes o pasos más pequeños. *¿Cuáles son las cosas pequeñas que debo ser capaz de hacer para adquirir esta habilidad?*
- A través de recursos, información e investigación, aprender lo suficiente para poder autocorregirnos cuando pasemos a la práctica. *¿Qué errores he cometido y cómo puedo autocorregirme para seguir mejorando?*
- Eliminar barreras y distracciones. *¿Cómo puedo concentrarme más?*

"The First 20 Hours: How to Learn Anything" by Josh Kaufman

- Comprometernos a practicar. *¿Cómo puedo sacar tiempo para empezar a practicar?*

Este tipo de proyectos pueden resultar muy eficaces cuando los alumnos más pequeños se juntan con un grupo de mayores, por ejemplo: una clase de infantil con una de primaria. Formar parejas de edades diferentes ofrece oportunidades de aprendizaje increíbles para todos. A medida que los estudiantes se van conociendo, se les pide que identifiquen un interés y un objetivo en común. Animamos a cada pareja a pensar en las habilidades que ya poseen, por ejemplo: hacer collares, pintar, construir, hacer figuritas de papel, tejer, etc. Luego, reflexionan sobre las destrezas que les gustaría aprender y las añaden a su lista. Cocinar, patinar, marcar goles, diseñar con cinta adhesiva y coser son algunas de las habilidades que hemos oído de antiguos alumnos.

Seguimos analizando el método de las veinte horas de Josh Kaufman y los pasos mencionados anteriormente. A lo largo de este proceso, apoyamos y capacitamos a los alumnos a través de diferentes tipos de investigación para aprender más sobre las habilidades que esperan adquirir. Para alcanzar este objetivo, algunos de nuestros medios preferidos son:

- Libros de no ficción
- Manualidades
- Guías de experimentación
- Tutoriales de *YouTube*
- Expertos locales (cuando sea posible, los docentes de su colegio)
- Oportunidades y tiempo para practicar, reflexionar y mejorar

Una vez concluidos los proyectos de veinte horas, organizamos eventos para celebrar el aprendizaje en los que los alumnos comparten sus nuevas habilidades con sus compañeros. Esto nos permite reconocer el tiempo, el esfuerzo y el proceso de aprendizaje que han desarrollado para conseguir esas habilidades y les permite compartir su aprendizaje con sus compañeros. Un motivo más para compartir desde el corazón.

## PROFUNDIZAR EN TUS CURIOSIDADES

Profundizar en las curiosidades permite a los alumnos aprender sobre temas que se han planteado, pero que aún no han tenido la oportunidad de explorar en el colegio. Estas indagaciones suelen surgir de una provocación o de una mesa de observación en clase e invitan a nuestros alumnos a lanzarse a hacer algo por lo que sienten curiosidad.

> Profundizar en las curiosidades permite a los alumnos aprender sobre temas que se han planteado, pero que aún no han tenido la oportunidad de explorar en el colegio.

Nos gusta apoyar a los alumnos de diferentes maneras en este proceso. Pueden usar un diario de indagación en el que cada semana les pedimos que escriban libremente sobre temas y preguntas que despiertan su curiosidad. También hacemos lo que denominamos "paseos para despertar su curiosidad". Los alumnos salen con una bolsa o una mochila para recoger objetos de la naturaleza que despierten su interés. Utilizamos lupas para que investiguen sus hallazgos más de cerca. También pueden hacer observaciones, tomar notas, realizar dibujos y anotar sus pensamientos en pequeños cuadernos. Cuando volvemos de nuestra aventura, nos colocamos en círculo para compartir e invitar a los alumnos a que cuenten algo que hayan descubierto, algo que hayan observado y algo que les haya llamado la atención o haya despertado su curiosidad. Según nuestra experiencia, generar oportunidades para que descubran y exploren sus curiosidades conduce a experiencias de indagación importantes y significativas.

A medida que vamos conociendo a nuestros alumnos a lo largo del curso, somos testigos de las curiosidades específicas que surgen de su aprendizaje y del tiempo de clase que compartimos. Nos gusta verlos interactuar y compartir sus inquietudes con los demás. A menudo analizamos sus curiosidades en busca de patrones y áreas de especial interés que nos permitan realizar indagaciones más significativas en el futuro. Esto nos ayuda a planificar experiencias de aprendizaje, seleccionar recursos y desarrollar colaboraciones en el colegio.

Una de estas curiosidades surgió en el aula de Kelli Meredith, profesora de la escuela secundaria Gordon Head:

*Hace poco, nuestra clase profundizó en las curiosidades como proyecto de indagación y un solo alumno hizo que toda esa experiencia valiera la pena. Su pregunta esencial fue: "¿Cómo puedo aprender a desarrollar un videojuego que incite a jugar a mis compañeros?".*

*Este alumno siempre había mostrado interés por la tecnología y la programación, pero no había ido mucho más allá. Además, tenía dificultades en casi todas las asignaturas, le costaba mucho concentrarse y organizarse, y relacionarse con el resto de la clase. Sufría acoso y a menudo se sentía como un extraño, a pesar del apoyo que le prestábamos.*

*Mientras trabajaba en su indagación, no dejaba de ver vídeos y buscar información para desarrollar mejor su juego y crear niveles cada vez más complejos. ¡No lo había visto tan concentrado en todo el año! Su pregunta esencial dio lugar a muchas otras preguntas, todas ellas bastante sorprendentes.*

*Cuando le tocó el turno de compartir sus conocimientos, la clase se dirigió al aula de informática, donde se podía acceder al juego a través de un enlace para que todo el mundo pudiera jugar al mismo tiempo. Se emocionó mucho cuando sus compañeros se conectaron al juego y empezaron a hablar, animar, comentar y reír mientras iban superando niveles. Ver la expresión de su rostro y escuchar el feedback positivo que rara vez recibía de sus compañeros fue tan increíble que no pude contener las lágrimas.*

## ASUMIR UN NUEVO DESAFÍO

Asumir un nuevo desafío puede resultar muy enriquecedor para los alumnos. En este pilar, nuestro objetivo consiste en animarlos a diseñar, crear y resolver problemas. A veces, pueden trabajar para resolver un problema relacionado con la comunidad (por ejemplo, colaborar en campañas de recogida de alimentos o ayudar a limpiar parques). Otras veces, se enfrentan a retos de diseño y utilizan nuestras impresoras 3D o idean y dibujan prototipos. Sea cual sea el reto, los alumnos se muestran realmente entusiasmados y motivados.

Nos gusta plantearles retos de resolución de problemas en ciencias, tecnología, ingeniería, artes y matemáticas (*Science, Technology, Engineering, Arts and Maths* o STEAM, por sus siglas en inglés), y así nos centramos en dichas asignaturas. A través de estos desafíos, nuestros alumnos pueden investigar de una manera diferente a como lo han hecho hasta ahora. Disfrutamos viendo cómo analizan distintas maneras de resolver los retos y, después, diseñan y crean prototipos para responder u ofrecer soluciones a nuestras preguntas.

También nos gusta utilizar nuestra impresora 3D con los alumnos mayores, que suelen trabajar por parejas en los retos que les planteamos. En la primera fase del reto, les pedimos que diseñen e impriman *algo de interés*; es decir, algo que sea apropiado y viable dentro de nuestras limitaciones de tiempo y presupuesto. Por lo general, crean silbatos, soportes para objetos personales, envases, clips, ganchos o cosas similares. Durante este período, adquieren algunas de las habilidades necesarias para utilizar correctamente nuestras herramientas digitales, así como la experiencia y el conocimiento que los guiará a lo largo del reto.

En la segunda fase del reto, proyectamos un breve vídeo de *YouTube* basado en el trabajo de Mike Ebeling, titulado *Project Daniel*. Hace unos años, Mike viajó a Sudán, en aquel momento un país destruido por la guerra, para diseñar e imprimir prótesis para jóvenes que habían perdido alguno de sus miembros.

Project Daniel

Los alumnos se enfrentan al desafío de diseñar e imprimir algo que pueda *tener un impacto en otras personas*. El tono y la energía en el aula cambian por completo. A medida que van identificando un problema real y diseñan una solución, mayor es su compromiso para lograr su objetivo. Ahora que su enfoque se centra en ayudar a los demás, el tono de la clase se vuelve cada vez más sobrio. A través de este proceso, hemos sido testigos de creaciones extraordinarias, como juguetes antiestrés, herramientas para personas con problemas de motricidad e incluso un proyecto de filtración y purificación de agua. Al cambiar de enfoque para tener un impacto en los demás, este tipo de indagación pasa a ser mucho más relevante y útil para ellos. Si tiene una impresora 3D en su colegio, ¡no dude en utilizarla!

Los alumnos más pequeños también se benefician de este tipo de desafíos. Hace poco, en una clase de infantil, fuimos testigos de un muy buen ejemplo al estudiar el movimiento natural frente al movimiento de la fuerza aplicada, una actividad bastante común en esta etapa. Nuestro objetivo era que los alumnos se plantearan muchas preguntas a través de sus observaciones sobre el movimiento de las cosas. Usamos un vídeo como provocación para demostrar la fuerza del viento. Los alumnos estaban tan entusiasmados que sabíamos que teníamos que seguir explorando el tema.

Iniciamos entonces una indagación sobre el diseño, la construcción y el vuelo de cometas. Pedimos a nuestro bibliotecario todos los libros que tuvieran información o imágenes sobre este tema para que nuestros alumnos exploraran y vimos diversos tutoriales. Los alumnos realizaron listas de los diferentes tipos de diseño y materiales, así como de las distintas formas de hacer volar una cometa. Más tarde, los agrupamos en función del tipo de cometa que estaban diseñando. De esta manera, pudimos localizar los materiales y planificar las actividades para asegurarnos de que todos tuvieran el apoyo necesario para elaborar su prototipo. Cada grupo diseñó una cometa y cada alumno construyó su propio modelo para probarlo a través de la experimentación. Todos colaboraron, dialogaron, diseñaron, construyeron, observaron y revisaron sus planes innumerables veces. Durante esta experiencia, desarrollaron sus conocimientos y adquirieron habilidades extraordinarias. Si es posible, ¡pruébelo con sus alumnos!

## #INQUIRYMINDSET EN ACCIÓN

En este capítulo hemos propuesto diversos recursos para ayudar a los alumnos a descubrir sus pasiones, metas, curiosidades y algunos nuevos retos. Bien sea a través del cortometraje *Caine's Arcade*, de Josh Kaufman o de *Project Daniel*, le proponemos que ponga en práctica alguno de estos recursos. Pruébelos con sus alumnos y comparta sus experiencias en nuestra comunidad *#InquiryMindset*.

# EL VALOR DE LAS PREGUNTAS EN LA INDAGACIÓN

Además del desarrollo de las características que hemos descrito anteriormente, el cambio más significativo que puede dar un profesor si quiere adoptar la indagación en su rutina diaria es comenzar el aprendizaje con una pregunta. Las preguntas, propias o de sus alumnos, son el origen para derivar en una indagación más profunda, representan la esencia del aula de indagación y establecen las bases de la mentalidad de indagación que fomentamos en nuestros alumnos.

Toda gran idea empieza con una pregunta.

Las preguntas estimulan la curiosidad, la duda, y la opinión y la voz de los alumnos. Atraen la atención de inmediato y resultan fundamentales puesto que para responderlas hay que utilizar conocimientos previos. Las preguntas se deben emplear en todos los niveles de nuestras organizaciones educativas:

- Los docentes, para guiar a sus alumnos a través del aprendizaje y la indagación.
- Los orientadores educativos, para apoyar a las comunidades profesionales de aprendizaje (*Professional Learning Communities* o PLCs, por sus siglas en inglés) y a los docentes a través de la indagación colaborativa.
- Los directores o responsables de la administración escolar, para guiar al personal y establecer los objetivos del colegio, del curso y del equipo.
- Los directores o supervisores del distrito, para desarrollar un plan de crecimiento de la organización y los objetivos individuales e institucionales a todos los niveles.

El poder de agencia de los alumnos, así como las oportunidades que ofrece este control sobre el aprendizaje, se extiende a cualquier persona que aprende a través de la indagación. Animamos a todo el mundo, desde los alumnos hasta el equipo directivo, a iniciar el camino de aprendizaje con una pregunta.

Pero ¿qué preguntas conducen a una investigación significativa y a un aprendizaje profundo? ¿Son todas las preguntas dignas de nuestro tiempo y atención? ¿Cómo las elaboramos o fomentamos habilidades de creación de preguntas para capacitar a nuestros alumnos? ¿Cómo podemos elaborar preguntas que conecten con nuestro currículo y sirvan de guía para el diseño de las lecciones y unidades? ¿Qué equilibrio podemos alcanzar entre modelar las preguntas que elaboramos para nuestros alumnos más pequeños y permitirles que exploren sus propias curiosidades? En este capítulo aclaramos estas ideas, explicamos la importancia de las preguntas esenciales en el aula de indagación y exponemos algunas de las herramientas que utilizamos para ayudar a nuestros alumnos.

> Las preguntas estimulan la curiosidad, la admiración, la opinión y la voz de los alumnos. Atraen la atención de inmediato y resultan fundamentales puesto que para responderlas hay que utilizar conocimientos previos.

## ¿QUÉ SE ENTIENDE POR PREGUNTAS ESENCIALES?

Como ya vimos en *Sumérgete en la indagación*, hemos utilizado dos recursos para entender mejor el proceso de creación de preguntas esenciales y descubrir las herramientas que utilizamos a diario para ayudar a nuestros alumnos a elaborar este tipo de preguntas. Se trata de *Essential Questions: Opening Doors to Student Understanding*, de Jay McTighe y Grant Wiggins, y *Make Just One Change: Teach Students to Ask Their Own Questions*, de Dan Rothstein y Luz Santana. Estos libros ofrecen escenarios, conexiones y ejemplos muy útiles para transformar nuestras aulas en comunidades escolares basadas en la indagación. A partir de ahí, y de nuestras propias experiencias, hemos reunido algunas características de las preguntas esenciales que utilizamos para ayudar a nuestros alumnos a desarrollar una comprensión común que les permita, a la larga, elaborar sus propias preguntas.

### Una pregunta esencial sólida debe ser abierta

Las preguntas esenciales no se responden con una búsqueda rápida en *Google*; de hecho, siempre decimos que no se pueden buscar en *Google*. Las preguntas esenciales tampoco pueden responderse en una sola clase o hablando con un amigo. No tienen una única respuesta y, en realidad, la respuesta a una pregunta esencial puede cambiar con el tiempo, ya que nuestra comprensión puede cambiar a medida que vamos descubriendo nuevos recursos. Por tanto, requieren un pensamiento de orden superior, como el análisis, la inferencia, la evaluación y la predicción y, con el tiempo, pueden plantear nuevas preguntas e inspirar nuevas indagaciones.

Intente que los alumnos se planteen preguntas importantes. Preguntas cuya respuesta no se puede encontrar en Google ni se pueden responder mirando la contraportada de un libro. ¡Sucederán cosas increíbles!

### Una pregunta esencial sólida debe ser proporcional a las exigencias de cada curso

Debemos asegurarnos de que las preguntas esenciales son dignas de nuestro curso y nuestro tiempo. La pregunta esencial de una unidad de ciencias de quinto de primaria no puede ser igual a la de matemáticas de primero de primaria. El curso determinará el grado de reflexión y compromiso intelectual que debe tener cada pregunta esencial, así como la demostración de la comprensión de nuestros alumnos.

**Una pregunta esencial sólida debe ser significativa para los alumnos**

Las preguntas esenciales deben ser relevantes para los alumnos. Los cuatro pilares de la indagación garantizarán que esto ocurra. Plantee a sus alumnos la siguiente pregunta: "¿Qué sentido tiene para vosotros esta pregunta esencial?". Sus respuestas serán probablemente útiles, personales e interesantes. También les animamos a compartir por qué su pregunta esencial es significativa para ellos y a hacer público su trabajo al final de nuestra unidad de indagación libre. Sus reflexiones siempre atraen al público y generan un entusiasmo compartido por su indagación.

En nuestra clase, los alumnos tienen que pensar de forma crítica para responder a una pregunta esencial. No solo se limitan a buscar respuestas, sino que investigan, participan en experiencias de aprendizaje y hablan entre ellos para dar respuestas originales. Colgamos todas estas características en el aula para recordar a los alumnos lo que debe conseguir su pregunta esencial:

Tu pregunta esencial …

- Debería provocar una reflexión profunda.
- Debería necesitar la recopilación de información y la evaluación de datos.
- Debería dar lugar a una respuesta original.
- Debería ayudar a los alumnos a realizar una investigación relacionada con el problema.
- Debería generar ideas originales en lugar de respuestas predeterminadas.
- Debería fomentar el pensamiento crítico, no solo la memorización de hechos.
- Puede no tener una respuesta.

El uso de "inicios de frases" es una manera muy buena de conseguir que los alumnos redacten un borrador de las preguntas esenciales.

Preguntas como "¿Cuál?", "¿Cómo?", "¿Qué pasaría si?", "¿Debería?", "¿Por qué?" hacen referencia a distintos tipos de información.

Las preguntas del tipo "¿Qué pasaría sí?" son hipotéticas y requieren que los alumnos utilicen sus conocimientos para plantear una hipótesis o valorar diferentes opciones.

Las preguntas que empiezan por la palabra "Debería…" hacen que los alumnos tomen una decisión moral o práctica basada en pruebas.

Las preguntas que plantean un "¿Por qué?" hacen que los alumnos comprendan y consideren la causa y el efecto. Además, ayudan a entender las relaciones y llegar a la esencia de una cuestión.

También colgamos en un lugar visible estos "inicios de frase" más largos y nos remitimos a ellos con frecuencia:

- ¿Cómo harías…?
- ¿Cuál sería el resultado si…?
- ¿Cómo describirías…?
- ¿Qué diferencia hay entre… y…?
- ¿Cuál es la relación entre... y…?
- ¿Qué pasaría si…?
- ¿Cómo podrías cambiar…?
- ¿Cómo mejorarías…?
- ¿Qué opinas de…?
- ¿Por qué crees que…?
- ¿Cuál es tu opinión sobre…?
- ¿Qué habrías elegido?
- ¿Qué habrías hecho de forma diferente?
- ¿Por qué crees que…?
- ¿Cómo resolverías…?
- Si estuvieras en esta situación, ¿qué harías?
- ¿Por qué apoyas o no…?
- ¿Qué se podría mejorar de…?

De vez en cuando, pedimos a los alumnos que utilicen estas últimas estructuras para redactar sus propias preguntas esenciales que luego debatimos juntos, en pequeños grupos o con toda la clase. Esto nos permite evaluar su capacidad para formular preguntas útiles y convincentes.

## EL PAPEL DE LAS PREGUNTAS CERRADAS EN LA INDAGACIÓN

Las preguntas cerradas tienen mala reputación en el mundo de la indagación por muchas razones. Ya sea porque no conducen a un aprendizaje profundo, porque se pueden buscar en *Google*, porque tienden a centrarse en el contenido o porque no fomentan una indagación sólida, las preguntas cerradas se han convertido en sinónimo de malas preguntas.

Pero esto no debería ser así.

Las preguntas cerradas son *necesarias* en el aprendizaje. Facilitan una comprensión común del tema a tratar, permiten a los alumnos colaborar y crear un significado nuevo y, a menudo, personalizado. Proporcionan la jerga (el lenguaje que nos permite hablar de manera inteligente, interesante, convincente y segura) de una disciplina o área de interés. Además, estas preguntas son el primer paso en la fase de investigación de la indagación, así que debemos responderlas para explorar el aprendizaje profundo y las preguntas abiertas.

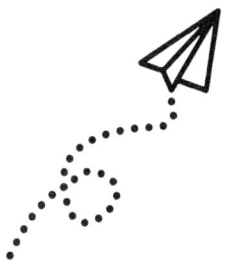

Las preguntas cerradas son necesarias en el aprendizaje. Permiten que los alumnos colaboren y creen nuevos significados personalizados.

Por ejemplo, los alumnos de literatura no pueden debatir sobre la importancia de la narración como factor de cambio sin antes entender ciertos recursos literarios como pueden ser el punto de vista, la metáfora, el simbolismo, la voz, etc. Del mismo modo, los alumnos de historia no pueden investigar sobre la justificación de las injusticias desde una perspectiva individual sin antes entender, aunque sea a grandes rasgos, las causas y actores clave de los diferentes períodos históricos.

## CÓMO FOMENTAR UNA CULTURA DE PREGUNTAS

El objetivo del profesor indagador es crear un aula que fomente una cultura de preguntas. Estas preguntas, dudas y curiosidades impulsan el aprendizaje, determinan los recursos, y nos guían cuando apoyamos a nuestros alumnos. Los alumnos deben comprender que las preguntas son la base del aprendizaje y que sus inquietudes se van a respetar y cultivar en el aula. Mucho antes de que los alumnos experimenten la indagación libre, debemos fomentar una cultura de preguntas a través de múltiples métodos, actividades y trabajos que promuevan un mismo resultado: dar a nuestros alumnos el tiempo y el espacio necesarios para explorar preguntas y explicarles por qué tienen un lugar privilegiado en nuestra clase.

Nuestros alumnos deben comprender que las preguntas son la base del aprendizaje y que sus inquietudes se van a respetar y cultivar en el aula.

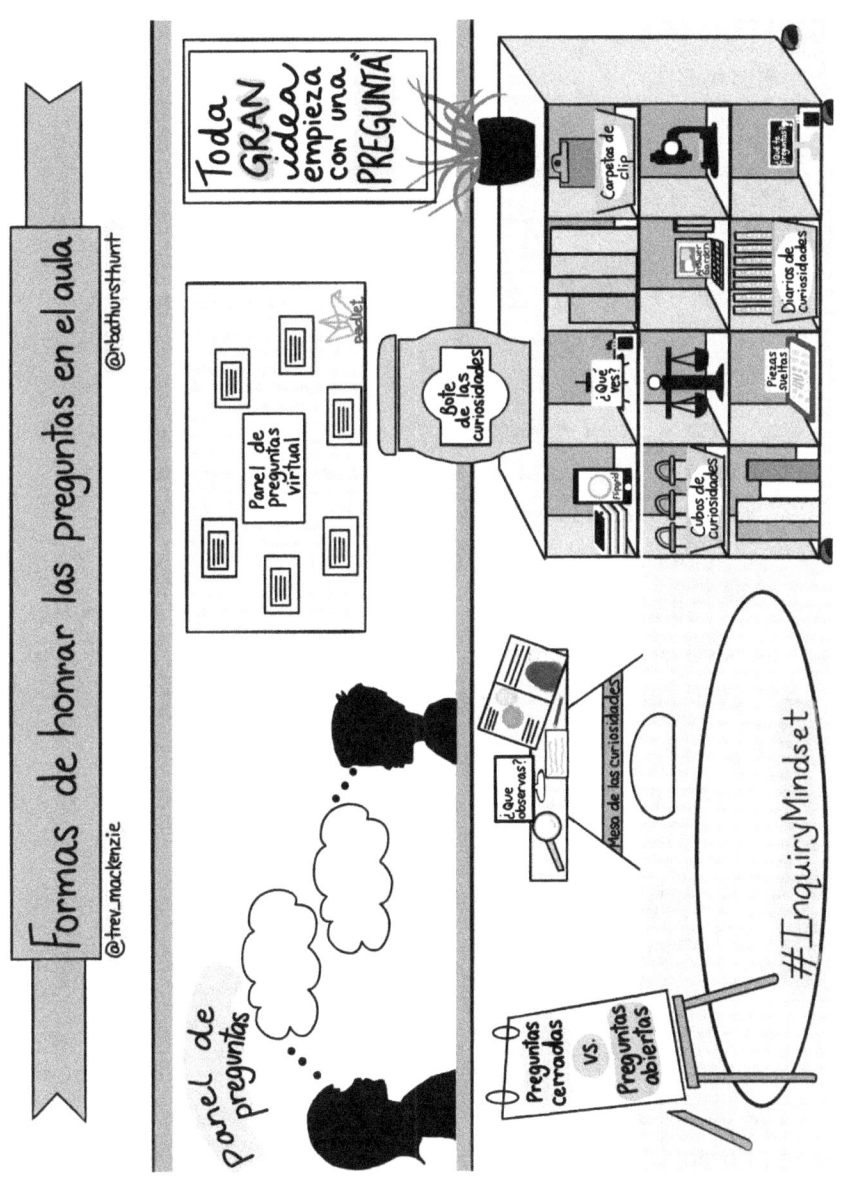

Nadine McIntyre, del Centro de Educación Deep Cove, está de acuerdo con nosotros. Ella elabora cada día sus propias preguntas para que los alumnos entiendan por qué son tan importantes en el aprendizaje.

> *Para fomentar esta cultura de preguntas en clase, paso mucho tiempo elaborando y compartiendo mis propias preguntas. Es importante que mis alumnos sepan que no tengo todas las respuestas: estoy en mi propio camino de aprendizaje, igual que ellos. Acepto todas sus dudas y preguntas para demostrarles que son parte integral de nuestro aprendizaje. Sea cual sea el tema, la actividad o la dirección en la que mis alumnos guían nuestra indagación, sus preguntas abiertas ayudan a profundizar en nuestro aprendizaje. Encontrar los momentos en los que sus voces brillan con luz propia es lo que crea una cultura de preguntas en nuestra clase.*

A continuación, detallamos distintos recursos y actividades que hemos utilizado para fomentar la cultura de preguntas. Esperamos que pueda adoptar algunos de ellos en su rutina diaria.

## TÉCNICA DE FORMULACIÓN DE PREGUNTAS

Una de las aportaciones más importantes a nuestro trabajo para ayudar a fomentar una cultura de preguntas es el uso de la "técnica de formulación de preguntas" (QFT), tal y como se describe en el libro *Make Just One Change: Teach Students to Ask Their Own Questions.* Se trata de una estrategia basada en evidencias que permite mejorar la capacidad de los alumnos de formular sus propias preguntas. En el entorno académico tradicional, las preguntas del profesor son las que normalmente dan forma a las lecciones y a las oportunidades de aprendizaje. La técnica de formulación de preguntas invierte esta tendencia y permite a los alumnos perfeccionar sus habilidades para elaborar preguntas, habilidades que a su vez se basan en sus capacidades para resumir, analizar y evaluar las preguntas que *ellos mismos* han construido.

Utilizamos esta técnica de forma estructurada a lo largo del curso. Durante los primeros meses con nuestros alumnos más pequeños, desarrollamos el proceso y expresamos nuestras ideas en voz alta delante del proyector o la pizarra. Ellos observan cómo nos vamos familiarizando con la técnica a la vez que van elaborando nuevas preguntas. Cuando surge la oportunidad de forma natural, incluimos la participación y la voz de los alumnos en esta actividad hasta que, con el tiempo, es posible profundizar en esta técnica en parejas o de manera individual. Para descubrir la importancia de este método, puede visitar los recursos del *Right Question Institute* (https://rightquestion.org). Al leer este capítulo, imagine cómo puede combinar las herramientas de indagación que proponemos con lo que aprenda de esta técnica. ¡Estamos seguros de que le encantará lo que va a descubrir!

## "HOJA DE TRABAJO" DE PREGUNTAS CERRADAS

Después de seleccionar un tema de indagación (bien por parte del docente o de los estudiantes), recomendamos que los alumnos intercambien ideas y preguntas cerradas durante cinco minutos. Les damos solo cinco minutos porque les gusta aceptar el reto de formular el mayor número de preguntas posibles en ese corto espacio de tiempo. A continuación, ordenan esas preguntas *"que debe saber"* por orden de importancia. Si los alumnos más pequeños no entienden muy bien el término *"que debe saber"*, lo explicamos mejor. En otras ocasiones, podemos pedirles que den prioridad a las preguntas o dudas en función de su relevancia y sus intereses personales.

Esta actividad ayuda a los alumnos a identificar y desarrollar la primera fase de su indagación (investigando y respondiendo a esas preguntas) y guía nuestros siguientes pasos hacia la localización de información y recursos. Estas preguntas cerradas representan, sobre todo, la base de su aprendizaje y proporcionan la jerga y el entendimiento común que les permite profundizar en su indagación.

La diferenciación se manifiesta cuando los alumnos se centran en la información *necesaria*, lo cual es muy significativo. Esta agencia en el aprendizaje marca la pauta para derivar hacia una indagación más profunda, basada en la confianza y el control, en la que reciben el apoyo y la experiencia del profesor indagador.

De manera algo sarcástica, hemos titulado esta actividad "hoja de trabajo" de preguntas cerradas. El término "hoja de trabajo" suele tener una connotación negativa ya que se asocia a un aprendizaje pasivo y sin importancia. Sin embargo, como se puede comprobar, esta actividad no es pasiva ni carece de importancia. Los alumnos elaboran activamente las preguntas e identifican su relevancia. Esta actividad saca la mejor de las hojas de trabajo. Además, hemos comprobado que los alumnos disfrutan mucho investigando y respondiendo a estas preguntas; se entusiasman trabajando en la hoja de trabajo, compartiendo información y explorando recursos para apoyar su camino. Cuando responden a sus propias preguntas, se sienten recompensados y sienten que han descubierto algo que fomenta la confianza y perfecciona habilidades de investigación y exploración.

Si es necesario, puede realizar esta actividad en grupo e incluir todas las preguntas de los alumnos en una cartulina o un documento de *Google*. A continuación, los estudiantes seleccionan una pregunta para investigar, individualmente o en parejas, y la comparten con el grupo. De esta manera, podrá dar forma al proceso para los alumnos más pequeños a la vez que se van construyendo las bases para la indagación.

## BOTE DE LAS CURIOSIDADES

El denominado "bote de las curiosidades" es una muy buena herramienta para ayudar a los alumnos a entender la importancia de sus preguntas. Además, es una de nuestras maneras preferidas de fomentar una cultura de preguntas en el aula. Los estudiantes escriben una pregunta, una duda o una curiosidad y la introducen en un bote de grandes dimensiones y decorado por ellos mismos. Cada cierto tiempo, el profesor saca una pregunta del bote y la utiliza como herramienta didáctica. Hemos visto que esto puede llevarse a cabo de varias maneras (asamblea, biblioteca viva, tiempo en la biblioteca, planificación del aprendizaje) con extraordinarios resultados.

### Asamblea

Puede sacar preguntas del bote durante el tiempo que los alumnos están sentados en la asamblea y plantearles algunas de ellas. Esto les ayudará a acceder a sus conocimientos previos, establecer conexiones con las preguntas de los demás y localizar recursos para responderlas. Por lo general, las preguntas se leen con anterioridad para formular un plan y enfoque de debate. Los temas pueden incluir las siguientes preguntas:

- ¿Alguien se ha preguntado alguna vez lo mismo? Háblanos de tus preguntas.
- ¿Alguien sabe algo que nos ayude a responder a esta pregunta?
- ¿Alguien ha leído o visto algo que pueda resultar útil para esta pregunta?
- Si tuviéramos que investigar, ¿qué podríamos hacer para obtener ayuda con esta pregunta? ¿Dónde podríamos ir? ¿A quién podríamos preguntar?

- ¿Tiene relación esta pregunta con algo que hayamos aprendido en clase o que hayas aprendido en casa?
- ¿Alguien tiene un amigo o familiar que pueda ayudarnos con esta curiosidad?

También puede usar la tecnología para investigar preguntas con la clase en tiempo real. Por ejemplo, muestre a los alumnos un vídeo de *YouTube* que haya visto antes para responder a la pregunta: "¿Cómo se construye un iglú?". O utilice los recursos educativos en línea de la NASA para que aprendan más sobre la pregunta: "¿En qué se diferencian los planetas de nuestro sistema solar?". Esto permite que se familiaricen con la investigación mientras se refuerza el significado de una fuente valiosa e interesante.

A través de esta actividad, los alumnos son testigos de cómo usted utiliza sus preguntas, respeta sus curiosidades a través de preguntas a sus compañeros y, por último, localiza información relevante en línea para profundizar en su comprensión. ¡Todo esto es muy importante!

### Biblioteca viva

Recurra a los padres de sus alumnos, colegas de centros educativos, miembros de la comunidad o empresarios, o su red profesional educativa en línea para que le ayuden a responder a las preguntas del bote de las curiosidades. Cuando damos la responsabilidad de compartir la información a nuestra red, los alumnos empiezan a entender que el aprendizaje no es un modelo vertical en el que el profesor es el único que posee conocimiento. Se puede acceder a la información a través de una variedad de fuentes y, por eso, el docente se convierte en un facilitador de la búsqueda de información.

Imagine lo significativo que sería que los padres de un compañero, un bombero, un farmacéutico o un piloto respondieran a la pregunta de un alumno. Acceder a su red profesional de aprendizaje con una *llamada a la acción* demuestra que cuando las redes sociales se utilizan de manera respetuosa, adecuada y responsable, pueden transformar el aprendizaje. A menudo tuiteamos preguntas de nuestro bote de las curiosidades y nos sorprendemos gratamente cuando la gente comparte y responde a nuestras peticiones. Nunca sabemos quién va a responder o a dónde nos van a llevar nuestras indagaciones pero, por lo general, vivimos una emocionante experiencia de aprendizaje.

### Tiempo en la biblioteca

Entregue el bote de las curiosidades a su bibliotecario y haga que estos *aliados de la indagación* utilicen las preguntas de los alumnos para estructurar las actividades de investigación y localizar y recopilar información en la biblioteca. Los bibliotecarios leen las preguntas, buscan libros relevantes en las estanterías y los exponen para que los alumnos los hojeen. También pueden animar a los alumnos para que traten de localizar otros libros relacionados con su curiosidad y empleen así otra importante habilidad de investigación: el hojeo. Suele ser una experiencia interesante en la que los alumnos pueden formar parejas, compartir los libros que han encontrado en la biblioteca y reflexionar sobre esta pregunta, "¿Cómo crees que este libro (o estos libros) se relaciona(n) con tu pregunta?" Pueden sacarlo(s) y leerlo(s) para profundizar en su pregunta.

### Planificación del aprendizaje

Utilice las preguntas del bote de las curiosidades como trampolín para otros planes de aprendizaje. Si utiliza las preguntas de debate durante el tiempo de asamblea, puede establecer conexiones con otros aspectos del currículo. Por ejemplo, la curiosidad del iglú mencionada anteriormente puede servir para profundizar en el aprendizaje sobre los ecosistemas y los hábitats en ciencias o la cultura y la historia en sociales. El ejemplo de la NASA se podría relacionar con los objetivos de ciencias y con los resultados de matemáticas. En ambos casos, las preguntas también se prestan para fomentar la lectura a través de los libros que nuestros alumnos sacan de la biblioteca. Esta actividad pone de manifiesto los vínculos entre nuestros currículos de forma clara y significativa, presentando igualmente oportunidades de aprendizaje transversal. Para los alumnos más pequeños, por lo general planificamos nuestras unidades de estudio estructuradas y controladas a través del bote de las curiosidades como trampolín para el diseño de nuestras lecciones y unidades.

## MURO DE PREGUNTAS

Lo que denominamos "muro de preguntas" es un espacio para que los alumnos expongan sus preguntas y curiosidades de forma visible. Al igual que el bote de las curiosidades, el muro de preguntas es una actividad que empleamos para inspirar a los alumnos, mostrándoles que sus preguntas son importantes y que sus voces pueden dar forma al aprendizaje en el aula.

### En el aula

Al colgar un muro de preguntas en el aula, mostramos la importancia de las preguntas de los alumnos en nuestro espacio de aprendizaje compartido. Piensan sus preguntas, las colocan en el muro y luego reciben apoyo para profundizar en su comprensión. Este proceso ayuda a crear una mentalidad de indagación que valora las preguntas como punto de partida del aprendizaje, respeta la voz de los alumnos y fomenta la creatividad y la agencia en el aula.

En nuestras clases de primaria, sacamos fotos de todos los alumnos pidiéndoles que adopten una pose de "profunda curiosidad".

Imprimimos y plastificamos las imágenes y las colgamos en las diferentes paredes del aula para que los alumnos vean la importancia de sus preguntas y la importancia de su voz. Añadimos una burbuja de pensamiento plastificada a cada imagen para que sus preguntas estén a la vista de todos. Les animamos a que escriban su pregunta en la burbuja y se comprometan a explorarla más a fondo. Cuando han terminado de investigar y profundizar en su comprensión, o cuando surja una nueva pregunta, los alumnos solo tienen que borrar la anterior y escribir una nueva. Los profesores también pueden participar en el muro incluyendo su foto y su pregunta.

Al igual que ocurre con el bote de las curiosidades, estas preguntas se pueden usar para demostrar los diferentes caminos de investigación. De esta manera, los alumnos descubren, por ejemplo, cómo localizar y seleccionar recursos útiles e interesantes, cómo acceder a nuestra biblioteca viva, cómo seguir colaborando con nuestro bibliotecario y cómo modelar el aprendizaje en el aula.

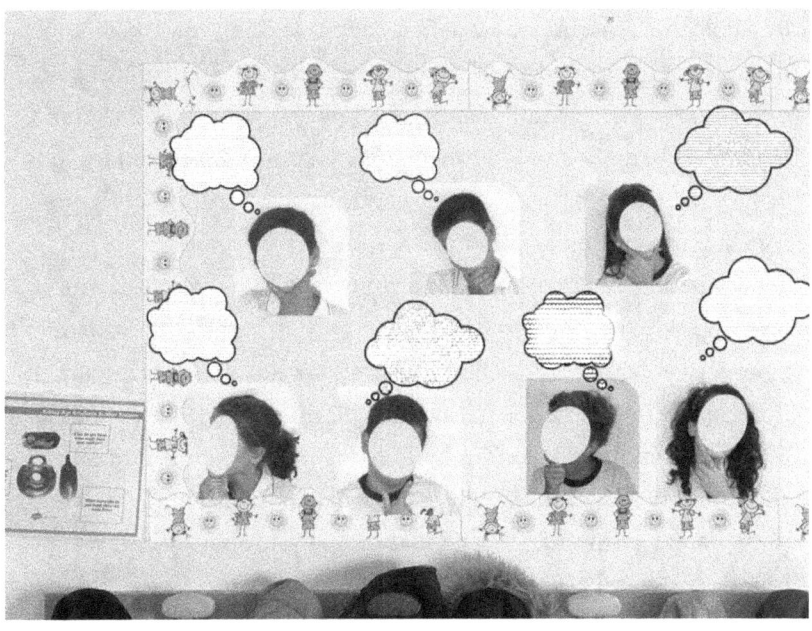

Los alumnos disfrutan mucho de esta versión ampliada del muro de preguntas. Les gusta ver las preguntas de sus compañeros y compartir sus opiniones. Aportan sus propios pensamientos, personalidades y conocimientos a las preguntas de los demás y, al hacerlo, se convierten en colaboradores activos en el proceso de aprendizaje, en lugar de consumidores pasivos. Se entusiasman cuando alguien escribe una nueva pregunta o cuando el profesor expresa sus dudas en clase. Estos debates son la base para fomentar el estudio durante toda la vida; los alumnos entienden su papel en el aula de indagación desde una edad temprana.

### Almacén de preguntas

Variante personalizada del muro de preguntas, el objetivo de este recurso consiste en crear un espacio en el que se puedan guardar curiosidades y preguntas de los alumnos para luego explorarlas más a fondo. En este caso, cada estudiante dispone de una caja o bolsa para guardar sus preguntas y en ella puede meter escritos, imágenes, trabajos artísticos, objetos y demás muestras de su imaginación. Al decorar sus cajas o bolsas desarrollan una actividad artística significativa que se puede combinar, por ejemplo, con una pregunta como: "Cuando cierras los ojos y piensas en una de tus preguntas, ¿qué brilla?, ¿qué colores ves?". ¡El resultado es extraordinario y la personalización es asombrosa!

Los alumnos pueden añadir otros elementos a sus cajas o bolsas cuando lo deseen, y el docente puede proporcionarles indicaciones y provocaciones para fomentar este proceso. Recomendamos que en esas cajas o bolsas también haya un "diario de preguntas", un cuaderno para anotar sus pensamientos. Hay muchas oportunidades de utilizar estos cuadernos y objetos para ayudar a estructurar el aprendizaje, guiar la enseñanza y ayudar en la evaluación. Tanto si estas reflexiones se utilizan en actividades del tipo "Mostrar y Compartir" para evaluar el lenguaje oral, como si se emplean para facilitar la evaluación de la competencia escrita, los alumnos siempre hablan y escriben mejor cuando el tema central es algo que les interesa y por el que sienten curiosidad.

## Sugerencias de preguntas

Las sugerencias de preguntas se pueden utilizar para motivar a los alumnos a escribir sobre los objetos de su almacén de preguntas o para fomentar la escritura imaginativa, la creatividad y la exploración de sus dudas. Pruebe a usar una sola idea o presente varias y deje que los alumnos elijan la que más les inspire.

- ¿De dónde crees que procede este objeto?
- ¿De qué crees que está hecho este objeto?
- ¿Quién crees que utilizaría este objeto y de qué maneras diferentes podría utilizarse?
- ¿Por qué crees que se inventó este objeto?
- ¿Qué crees que pasaría si faltara una parte de este objeto? ¿Podría utilizarse para otra cosa?
- ¿Por qué crees que este objeto forma parte de nuestro entorno? ¿Cuál es su función?
- ¿Qué crees que ocurre después de utilizar este objeto?
- ¿Adónde va a parar?
- ¿Cómo se descompone?
- Concéntrate en este objeto. ¿Qué partes diferentes del objeto observas?
- Si pudieras mirar tu objeto a través de una lupa, ¿qué crees que verías y descubrirías?
- ¿Qué crees que le puede pasar a este objeto si se moja?
- ¿Qué crees que le pasaría a este objeto al exponerlo al sol o al dejarlo en un lugar cálido durante mucho tiempo?

- ¿Cómo crees que habríamos utilizado este objeto hace cincuenta años?
- ¿Cómo se mueve este objeto? ¿Crees que puede moverse de forma natural o necesita una fuerza aplicada?
- ¿Cómo podría este objeto ayudar a otras personas? ¿Qué podría ayudarles a hacer?
- ¿Cómo crees que los animales utilizarían este objeto?
- ¿Seguirá este objeto existiendo dentro de diez años? ¿Dónde crees que podría encontrarse? ¿Seguirá siendo útil?
- ¿Qué otros usos crees que la gente podría darle a este objeto?
- ¿Qué verías si te subieras a la copa de un árbol del patio?
- ¿Cómo crees que era nuestro colegio hace cincuenta años?
- Cuando miras por la ventana, ¿qué ves? ¿Qué pasaría en esta zona si pasara una tormenta? ¿Qué tipo de tormenta sería?
- ¿Qué verías si hicieras submarinismo en aguas profundas?
- Imagina que eres un pájaro, ¿qué verías si sobrevolaras nuestra ciudad?
- Imagina que estás sentado en un cohete, ¿qué sentirías al despegar?
- ¿Cómo crees que sería la experiencia de volar en la bodega de en un avión?
- Imagina que estás en medio de la selva tropical, ¿qué oyes?
- ¿Cómo crees que se forman los arco iris?
- ¿Por qué crees que hay niebla?
- ¿Cómo crees que sobreviviría un león en la ciudad?
- ¿Cómo crees que las abejas trabajan juntas en su colmena?

## En la biblioteca

El bibliotecario organiza un muro de preguntas en el tablón de anuncios de la biblioteca para que todos los alumnos pongan sus preguntas en notas adhesivas, tanto por iniciativa propia como cuando surja una que no se pueda responder fácilmente durante una visita. El bibliotecario puede utilizar estas preguntas para guiar las unidades dedicadas a la investigación, la localización de información y la búsqueda de fuentes adecuadas y creíbles. También las empleamos para iniciar conversaciones. Los alumnos, por parejas, seleccionan una pregunta, la debaten y luego ven si pueden localizar un libro en la biblioteca relacionado con ella. Además, el bibliotecario puede centrar su atención en habilidades de alfabetización, como pueden ser la toma de notas, la aportación de pruebas para respuestas y las habilidades de conexión e inferencia. Cuando estas habilidades se manifiestan en el muro de preguntas de la biblioteca, surgen más oportunidades para que los alumnos establezcan conexiones sólidas. La relevancia de las preguntas de los alumnos en el muro permitirá consolidar las habilidades, tanto si están relacionadas con libros, fuentes digitales o bases de datos, como con el experto en investigación de la sala.

Jane Spies, antigua bibliotecaria del Shoreline Middle School, comparte su experiencia con el uso del muro de preguntas en el espacio de la biblioteca:

*Siempre que lo deseen, los alumnos pueden escribir una pregunta en un post-it y pegarlo en el muro de preguntas de nuestra biblioteca. A veces las ponen sin que yo me dé cuenta; otras veces soy yo quien les pido que las peguen en el muro porque escucho que hacen una que requiere más tiempo de respuesta o porque considero que podría ser interesante para otros compañeros. Las preguntas que surgen durante una clase y que se desvían del tema que estamos tratando también se añaden al muro para explorarlas más adelante, quizás al final de una unidad de investigación o para reforzar una destreza o habilidad. A menudo, utilizo las preguntas del muro para demostrar la formulación de preguntas abiertas y cerradas, la localización de información o la búsqueda de fuentes creíbles y adecuadas.*

*Las preguntas del muro de preguntas de la biblioteca no tienen que estar relacionadas con un tema específico, sino que pueden abarcar una amplia gama de contextos. Este muro permite a los alumnos convertirse en expertos en un tema y profundizar auténticamente en su aprendizaje. Por ejemplo, cada año mis alumnos enseñan a sus padres la diferencia entre preguntas abiertas y cerradas durante las tutorías dirigidas por los alumnos. Los padres y los alumnos elaboran juntos preguntas para el muro, algunas bastante complejas, otras más simples y divertidas, y otras a las que realmente quieren dar respuesta. Ver cómo se implican en una actividad tan sencilla como hacer preguntas es una experiencia muy gratificante. Además, pueden conocerse mejor de forma divertida, atractiva y significativa.*

*En ocasiones, los alumnos buscan respuestas a las preguntas del muro. Antes de empezar a explorar recursos, profundizar en el aprendizaje y encontrar respuestas, les recuerdo la importancia de conectar con una pregunta, recopilar información en la biblioteca, seguir haciendo preguntas para avanzar en la comprensión y basarse en los conocimientos previos para obtener respuestas. El muro de preguntas les ofrece la oportunidad de practicar y transferir las habilidades de indagación que han aprendido en clase utilizando sus propias preguntas. Curiosamente, me he dado cuenta de que a menudo aquellas que son aparentemente más simples conducen a algunos de los aprendizajes más profundos y significativos.*

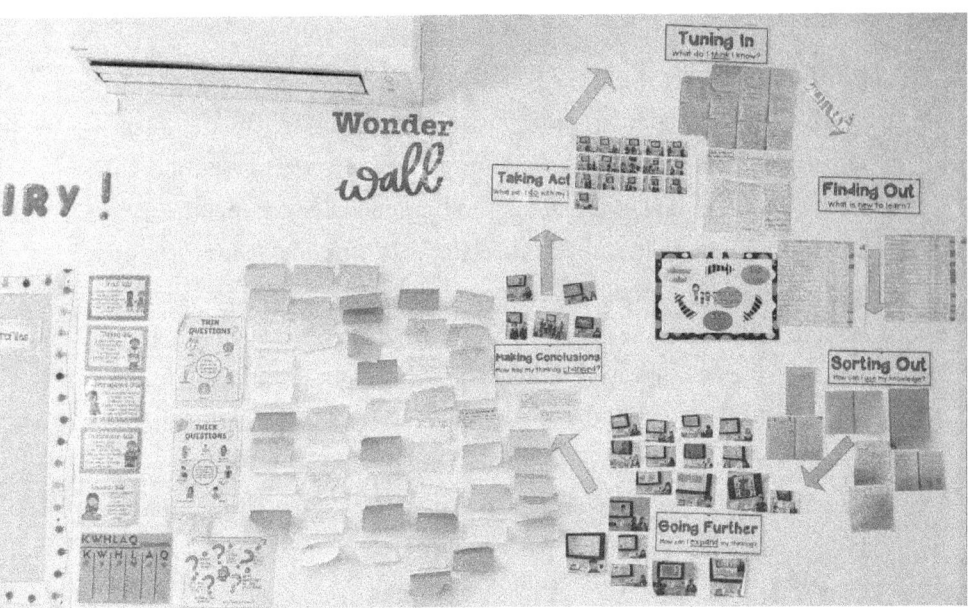

Colegios Ramón y Cajal, 5º de Primaria

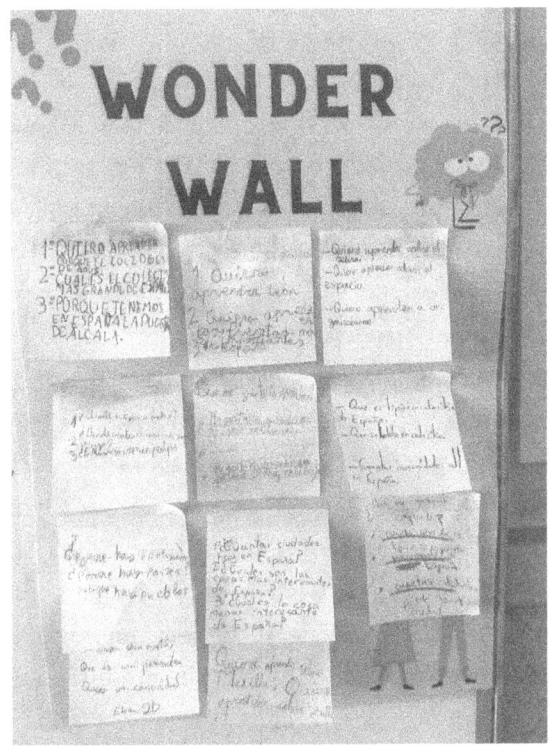

Colegios Ramón y Cajal,
2º de Primaria

## Panel virtual

Nos gusta mucho crear un muro de preguntas virtual, un espacio en línea que permite a los alumnos compartir sus preguntas con los compañeros de clase y, al mismo tiempo, entender mejor el concepto de ciudadanía digital. Para los más tímidos e introvertidos esta opción puede empoderarles significativamente. Las voces de sus compañeros no les abruman ya que pueden tomarse el tiempo necesario para reflexionar y elaborar sus preguntas antes de publicarlas, se sienten mucho más cómodos trabajando individualmente, y tienen más confianza que cuando les pedimos que usen el muro de preguntas colaborativo en el aula o la biblioteca. Estas son algunas de las herramientas y plataformas en línea que más nos gustan. Todas ellas son intuitivas, colaborativas y gratuitas.

## Flipgrid

*Flipgrid* es una plataforma de vídeo-respuesta en la que docentes y alumnos pueden publicar temas, grabar respuestas, responder y colaborar con sus compañeros. Es una de nuestras plataformas favoritas para que se escuche la voz de los alumnos y dar visibilidad a sus ideas. Además, es fácil de usar y fomenta la confianza y el sentido de propiedad a la hora de compartir los conocimientos. Los docentes pueden enviar, de forma fácil y segura, las respuestas de los alumnos a los padres como demostración del aprendizaje, y así crear una ventana virtual de lo que ocurre cada día en el aula. Hemos comprobado la importancia de conectar con los padres y los alumnos para ver el impacto de nuestra colaboración. La versión de pago de *Flipgrid* permite, además, que los alumnos puedan interactuar con sus compañeros a través de la plataforma y ofrecer *feedback*, dar consejos y aportar información sobre las preguntas de los demás. Antes de que nos demos cuenta, surge una comunidad educativa en la que el docente no es el único medio para profundizar en la comprensión, sino que es la asociación entre docente y alumnos lo que impulsa el aprendizaje.

## AnswerGarden

*AnswerGarden* es una herramienta colaborativa que permite colgar sugerencias para la clase dando la posibilidad a los alumnos de publicar sus respectivas reflexiones y opiniones. Solo tienen que escribir sus ideas, enviarlas y este espacio colaborativo se encarga de recopilar toda la información. Una de las principales ventajas de *AnswerGarden* es que la voz de los alumnos se comparte con la clase en tiempo real. De esta manera, pueden ver las opiniones de sus compañeros al mismo tiempo que comparten las suyas. Las ideas propuestas por varios alumnos se muestran en un tamaño de letra mayor, lo que refleja el apoyo de la clase a una opinión común. Esta nube visual de palabras se puede guardar para consultarla más adelante. Nos gusta emplear estas imágenes para reflexionar sobre nuestros cambios de ideas, así como sobre las nuevas opiniones y conocimientos que hemos adquirido. Además, conseguir que los alumnos hablen o escriban como parte de esta actividad de reflexión es un proceso relevante y significativo.

## Padlet

*Padlet* es una plataforma que permite crear un muro virtual para recopilar las voces, opiniones y respuestas de los alumnos de forma visual. Podemos incluso añadir documentos, imágenes, vídeos y música para despertar el interés e inspirar a los estudiantes. Además, permite compartir la información fácilmente con padres, otros docentes o redes profesionales de aprendizaje. Utilizamos mucho *Padlet* a modo de tablón de anuncios virtual para nuestras reflexiones colectivas sobre un tema basado en uno de los cuatro pilares de la indagación. Al relacionar intereses, ideas o pasiones comunes, los alumnos pueden establecer conexiones con sus compañeros a través de esta plataforma. *Padlet* es fácil de usar, fomenta la agencia de los alumnos, que tienen más control sobre lo que comparten y publican, y favorece el desarrollo de una comunidad educativa sólida.

## Recap

*Recap* es una plataforma de preguntas y respuestas que proporciona a la clase un ecosistema que permite compartir opiniones y colaborar entre sí. Cada vez que el profesor publica un mensaje (a nosotros nos gusta subir vídeos cortos a los que denominamos "viajes"), los alumnos pueden responder con sus propias preguntas o reflexiones. Cada una de sus preguntas genera una extensión del "viaje" proporcionando la estructura y el espacio necesarios para que los compañeros respondan e incluso publiquen sus respuestas en formato vídeo. Una característica importante de esta plataforma es que el límite de caracteres en las respuestas a las preguntas de otros es bastante elevado, lo que permite dejar contestaciones detalladas y significativas a cualquier consulta que despierte interés.

En conjunto, estas herramientas ofrecen muy buenas oportunidades para potenciar la investigación y profundizar en la comprensión. En primer lugar, permiten transmitir fácilmente información a los padres y otros miembros de la familia, que a su vez pueden aconsejar, apoyar y felicitar a los alumnos. Por lo general, enviamos nuestras "preguntas semanales" a los padres por correo electrónico en el boletín informativo de clase, para que así tengan una idea de las conexiones que sus hijos e hijas están haciendo en clase. En las jornadas de puertas abiertas, ya sean dirigidas por alumnos o por docentes, vale la pena compartir estas plataformas como demostraciones del aprendizaje. Cuando los padres ven algo más que lo que escriben sus hijos/as (quizás un vídeo con una reflexión o una pregunta), obtienen una imagen más detallada y personalizada de dónde se encuentran sus hijos/as con respecto a su aprendizaje y hacia dónde debemos dirigirnos.

En segundo lugar, nos gusta mucho tuitear estas preguntas y pedir a nuestra red profesional de aprendizaje que apoye a nuestros alumnos en su exploración. Nos sorprende gratamente ver quién responde (desde astronautas, políticos, famosos pasando por figuras del deporte) y a dónde nos lleva nuestro intercambio. Es increíble el enorme potencial que tiene compartir las preguntas en *Twitter*. Además, los alumnos pueden ver el impacto de las redes sociales cuando se emplean para crear nuevos conocimientos y experiencias.

En tercer lugar, cuando colaboramos en nuestro muro de preguntas virtual estamos reforzando nuestras habilidades de alfabetización digital. Por otro lado, cuando nuestros alumnos adoptan la tecnología a una edad temprana de manera adecuada y se convierten en usuarios y colaboradores de una plataforma (con el apoyo y la orientación de los docentes), estamos sentando las bases para su futura alfabetización digital.

Al utilizar estas herramientas, u otras propias, se pueden generar muchas preguntas abiertas. Una vez que se ha creado una pregunta, ya sea por parte del profesor o de los alumnos, es el momento de explorar e investigar más profundamente la indagación.

## #INQUIRYMINDSET EN ACCIÓN

En este capítulo, hemos tratado las diferentes formas de fomentar una cultura de preguntas en el aula, incluyendo el bote de las curiosidades, el panel de preguntas, la "hoja de trabajo" de preguntas cerradas y la técnica de formulación de preguntas. También presentamos varias herramientas virtuales, como *Flipgrid*, *Padlet*, *AnswerGarden* y *Recap*. Seleccione alguno de estos métodos para ponerlo en práctica en su clase. Comparta una foto de una curiosidad, una pregunta, una "hoja de trabajo" de preguntas cerradas o una duda generada con la técnica de formulación de preguntas. Suba un vídeo de *Flipgrid*, un enlace a *Padlet*, una foto de *AnswerGarden* o un "viaje" de *Recap*. Haga lo que haga, asegúrese de compartirlo con nuestra comunidad *#InquiryMindset*.

# EXPLORAR E INVESTIGAR:
## EL BIBLIOTECARIO ESCOLAR COMO ALIADO DE LA INDAGACIÓN

Crear pensadores críticos e investigadores conscientes es una de las mayores ventajas de adoptar un enfoque educativo basado en la indagación. En un mundo cada vez más conectado, donde la tecnología ha acelerado la facilidad para localizar y acceder a la información, nuestros alumnos se enfrentan a retos que ninguna generación anterior ha tenido que afrontar, sobre todo a la hora de evaluar el contenido y determinar si una fuente de información es válida, necesaria y útil. Los docentes deben enseñar a los alumnos habilidades de exploración e investigación para que sean capaces de enfrentarse a un número aparentemente infinito de sitios web y fuentes de contenidos digitales. Y para ello el mejor aliado que puede tener un profesor es el bibliotecario escolar.

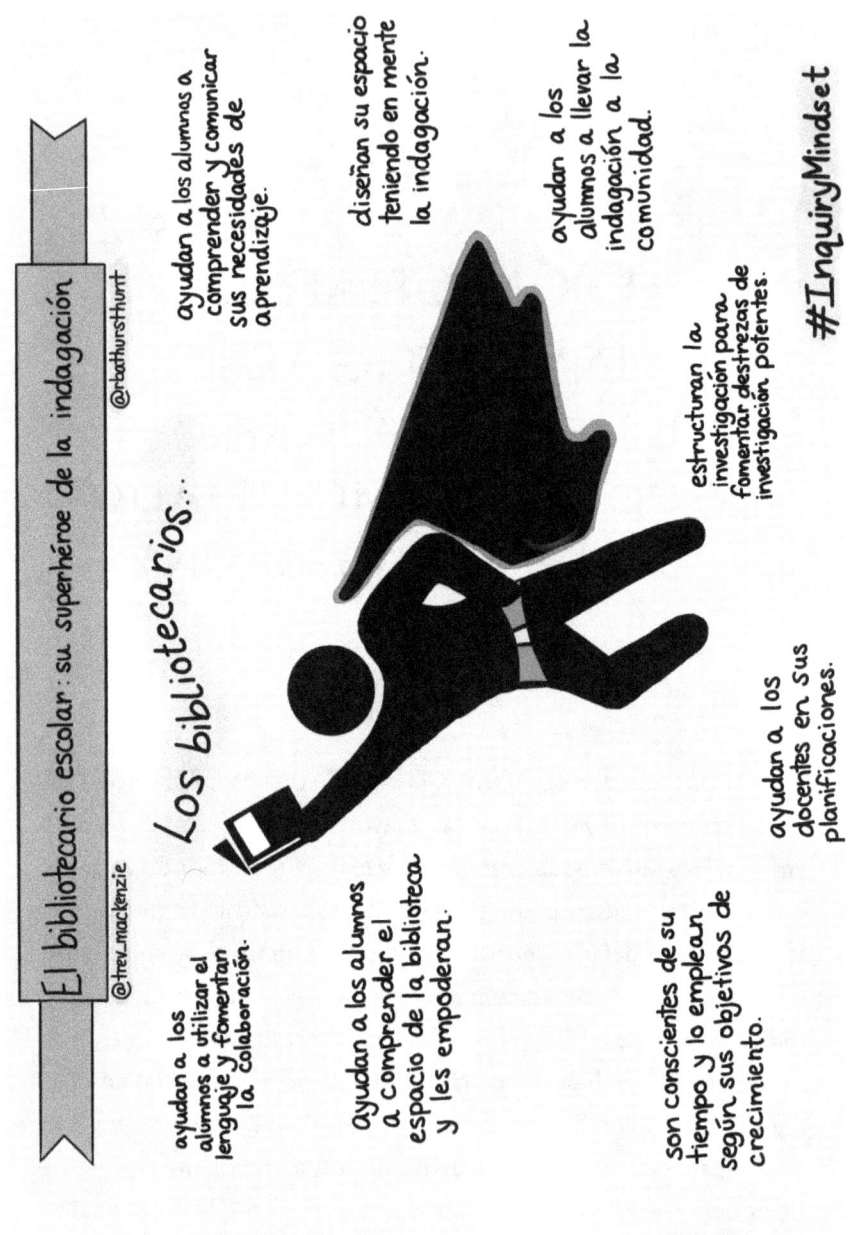

El bibliotecario escolar: su superhéroe de la indagación

@trev_mackenzie

@bathursthunt

Los bibliotecarios...

ayudan a los alumnos a comprender y comunicar sus necesidades de aprendizaje.

diseñan su espacio teniendo en mente la indagación.

ayudan a los alumnos a llevar la indagación a la comunidad.

estructuran la investigación para fomentar destrezas de investigación potentes.

#InquiryMindset

ayudan a los docentes en sus planificaciones.

ayudan a los alumnos a utilizar el lenguaje y fomentan la colaboración.

Ayudan a los alumnos a comprender el espacio de la biblioteca y les empoderan.

son conscientes de su tiempo y lo emplean según sus objetivos de crecimiento.

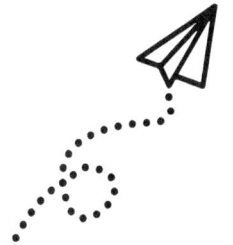 El mejor aliado que puede tener un profesor en su indagación es el bibliotecario escolar.

"El bibliotecario escolar: su superhéroe de la indagación"

Atrás queda la noción de la biblioteca como lugar donde se guardan libros, donde el aprendizaje es una actividad aislada que consiste principalmente en localizar un libro y leerlo guardando absoluto silencio. Hoy en día, la biblioteca es más bien un espacio común de aprendizaje, un lugar vivo donde se fomenta el apoyo y la colaboración. En las diferentes bibliotecas que hemos visitado, hemos descubierto oportunidades para que los alumnos accedan a recursos virtuales, reciban el apoyo de los tutores, colaboren con sus compañeros (incluso entre grupos de diferentes niveles), creen contenidos, celebren reuniones e incluso lean y estudien. Estos espacios ofrecen una amplia gama de herramientas de aprendizaje más allá de los libros y los recursos físicos; cuentan con todo tipo de equipos digitales, espacios para desarrollar ideas y servicios de edición y reproducción. Esto brinda a los alumnos muchas oportunidades de crear en lugar de únicamente consumir.

En la actualidad, estos bibliotecarios son los agentes facilitadores de estos espacios comunes de aprendizaje. Están altamente capacitados para identificar un reto, planificar un camino de aprendizaje y proporcionar el apoyo necesario para alcanzar los objetivos. Fomentan la colaboración, facilitan la investigación y apoyan el acceso a la información en línea. Están al tanto de las últimas tendencias tecnológicas y ayudan a los alumnos a adquirir y analizar la información de la mejor manera posible. ¡Un aplauso para nuestros bibliotecarios!

En primaria, una de las tareas más importantes de los bibliotecarios es enseñar a nuestros alumnos más pequeños a colaborar y comunicarse adecuadamente con los demás, así que les enseñan a:

- Escuchar activamente a los compañeros.
- Evaluar los puntos fuertes y áreas de mejora desde la perspectiva de otra persona.
- Hacer preguntas para profundizar en la conversación y desarrollar nuevos conocimientos.
- Aportar soluciones a problemas.
- Reflexionar sobre su papel en la colaboración.

Los bibliotecarios están al tanto de las últimas tendencias tecnológicas y ayudan a los alumnos a adquirir y evaluar la información de la mejor manera posible.

Estas habilidades son la base del pensamiento de orden superior (analizar, evaluar y crear) y en las que nuestros alumnos se irán apoyando en su futura trayectoria educativa. Además, fomentan la empatía y la compasión por los demás, rasgos que apreciamos cuando trabajamos con ellos.

Hemos descubierto que los bibliotecarios disponen de importantes recursos para apoyar a los alumnos a medida que van adquiriendo estas habilidades y destrezas.

**Los bibliotecarios diseñan su espacio teniendo en mente la indagación.**

El diseño de un espacio común de aprendizaje influye en la forma en que los alumnos lo utilizan. Si queremos que investiguen, colaboren, creen o se concentren, tenemos que proporcionarles espacios específicos que apoyen cada una de estas actividades. Los bibliotecarios tienen que mostrar a los alumnos cómo utilizar estos espacios y explicar las ventajas y finalidades de cada uno de ellos, para que así puedan elegir el que mejor se adapta a sus necesidades.

El colegio público Anzac Park, una escuela primaria muy innovadora de Sídney, Australia, es un buen ejemplo de cómo el diseño del espacio condiciona el aprendizaje. Anzac Park cuenta con espacios de aprendizaje revolucionarios, un concepto de diseño que permite evolucionar y adaptarse a medida que las prácticas educativas van evolucionando. Estos espacios aportan a docentes y alumnos la flexibilidad necesaria para colaborar, reflexionar y compartir. El diseño de los espacios y el uso de mobiliario modular permiten a los estudiantes reflexionar sobre sus necesidades de aprendizaje individuales y crear o escoger el espacio que mejor se adapta a sus necesidades.

Este colegio cuenta con cuatro espacios de aprendizaje inspirados en la obra *Campfires in Cyberspace*, de David Thornburg, y cada uno de ellos se utiliza con un objetivo diferente. Su directora Unity Taylor-Hill, comparte con nosotros su visión:

> En el colegio público Anzac Park, nuestro objetivo consiste en crear un entorno en el que tanto el personal como los alumnos colaboren en el proceso de aprendizaje. A través de un currículo innovador y consensuado, ayudamos a que todos los miembros de la comunidad educativa puedan alcanzar su máximo potencial.
>
> Sabemos que debemos crear entornos de aprendizaje y enseñanza en los que el currículo y la pedagogía sean un reflejo del mundo actual. En nuestro colegio nos comprometemos a desarrollar espacios de aprendizaje que se puedan configurar de diferentes maneras y adaptar a las distintas necesidades de aprendizaje de los alumnos. Gracias a estos espacios, el aprendizaje está en el centro de nuestra toma de decisiones.

*Promovemos un aprendizaje social y colaborativo, la integración adecuada del currículo, la combinación de enseñanza y aprendizaje dirigida por docentes y alumnos, el aprendizaje independiente, el trabajo por proyectos, la enseñanza directa, el pensamiento innovador y original, el desarrollo de relaciones y las destrezas de solución de problemas.*

*Se trata de un diseño de espacios de aprendizaje flexible e inclusivo, ya que permite desarrollar diferentes estilos educativos y permite una mayor experimentación. Favorece el desplazamiento de docentes y alumnos por los diferentes espacios, tanto físicos como virtuales, en un entorno siempre flexible. Este enfoque de los espacios de aprendizaje flexibles permite a los profesores construir y adaptar el aprendizaje para satisfacer las necesidades de los alumnos, personalizar la enseñanza y explorar diferentes modelos de aprendizaje.*

*Para orientar nuestra política de espacios de aprendizaje, utilizamos los entornos creativos desarrollados por el escritor futurista David Thornburg. Las metáforas que emplea el autor ayudan a que los alumnos consideren activamente el estilo educativo necesario para cada lección y cómo modificar el espacio físico en función de los momentos de aprendizaje que se están llevando a cabo. Estos espacios se explican en profundidad para que los alumnos entiendan los comportamientos propios de cada uno de ellos.*

Analicemos más detalladamente estas metáforas:

**La cueva** es un espacio privado donde una persona puede reflexionar, pensar y transformar el aprendizaje de la información externa a la comprensión interna. Es un lugar que invita a la reflexión, al trabajo independiente y a la autoevaluación. Los alumnos utilizan este espacio cuando necesitan un área tranquila de trabajo, tiempo a solas o quieren concentrarse en una tarea. Se compone de rincones, esquinas, escritorios individuales o puestos de trabajo informatizados.

**El abrevadero** es un espacio informal en el que los compañeros pueden compartir información, adoptando al mismo tiempo el rol de docentes y alumnos. Está concebido para desarrollar ideas e intercambiar la promoción de conocimientos compartidos. Los alumnos utilizan este espacio cuando quieren trabajar en equipo y compartir y escuchar las opiniones de los demás. Todos contribuyen en este espacio. Aquí se pueden encontrar mesas circulares, mobiliario para trabajar en equipo o cualquier otro elemento que fomente la colaboración.

**La hoguera** es un espacio donde las personas se reúnen para aprender de los expertos. Estos expertos no son solo docentes, también pueden ser alumnos que desean compartir su aprendizaje con sus compañeros y profesores. En este espacio se llevan a cabo encuentros más amplios, como reuniones de clase, asambleas, tareas compartidas, debates u otras actividades. Aquí, los alumnos pasan a ser oyentes activos, responden a preguntas y respetan la voz de sus compañeros.

**La vida** es un espacio diseñado para aplicar lo aprendido, componente esencial del proceso de aprendizaje. Al aprender algo con la intención de usarlo de inmediato, no solo reforzamos nuestra propia comprensión, sino que también aumentamos la probabilidad de retener lo que estamos aprendiendo.

Animamos a los alumnos a reflexionar sobre sus necesidades de aprendizaje, a rediseñar el aula para satisfacer dichas necesidades y a seguir analizando y adaptándose *a medida que van aprendiendo*. Anzac Park es un muy buen ejemplo de cómo el diseño no solo favorece la agencia, sino que además potencia la indagación. Los alumnos entran en una espiral que promueve en todo momento la metacognición y la responsabilidad sobre su papel en el aula. De esta

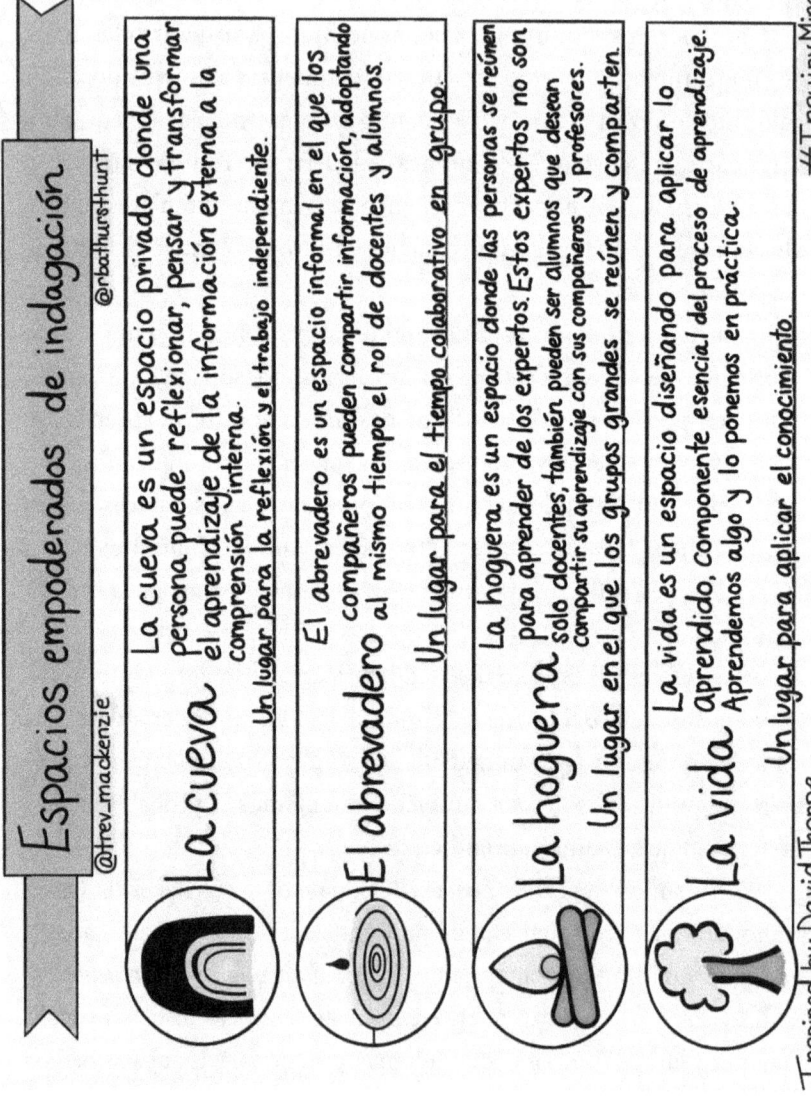

Espacios empoderados de indagación

@trev_mackenzie    @rbathursthunt

**La cueva**
La cueva es un espacio privado donde una persona puede reflexionar, pensar y transformar el aprendizaje de la información externa a la comprensión interna.
Un lugar para la reflexión y el trabajo independiente.

**El abrevadero**
El abrevadero es un espacio informal en el que los compañeros pueden compartir información, adoptando al mismo tiempo el rol de docentes y alumnos.
Un lugar para el tiempo colaborativo en grupo.

**La hoguera**
La hoguera es un espacio donde las personas se reúnen para aprender de los expertos. Estos expertos no son solo docentes; también pueden ser alumnos que desean compartir su aprendizaje con sus compañeros y profesores.
Un lugar en el que los grupos grandes se reúnen y comparten.

**La vida**
La vida es un espacio diseñando para aplicar lo aprendido, componente esencial del proceso de aprendizaje. Aprendemos algo y lo ponemos en práctica.
Un lugar para aplicar el conocimiento.

Inspired by: David Thorpe

#InquiryMindset

manera, se fomenta la mentalidad de indagación que tanto persigue el profesor indagador. Desde los libros y herramientas digitales hasta los diversos espacios, el uso que hace Anzac Park de los cuatro espacios de aprendizaje de Thornburg combina el diseño con los recursos comunes de aprendizaje; espacios para aprender, colaborar y crear.

> La agencia de los alumnos es algo más que ofrecer opciones para desarrollar tareas. Se trata de capacitar a los alumnos para que comprendan qué necesitan realmente y cómo pueden satisfacer esas necesidades.

### Los bibliotecarios ayudan a los alumnos a comprender y comunicar sus necesidades de aprendizaje.

Los alumnos que reflexionan sobre su aprendizaje en lugar de solo centrarse en un objetivo se convertirán en mejores alumnos indagadores a lo largo de su trayectoria educativa. Cuando logran entender el proceso a través del cual interactúan con el mundo que los rodea, pueden comprender y comunicar mejor sus necesidades de aprendizaje. Los bibliotecarios pueden fomentar el desarrollo de estas habilidades de diferentes maneras:

- Utilizando libros ilustrados y cuentos que reflexionen sobre la atención, la perseverancia y el trabajo en equipo, así como la creatividad, la imaginación y el pensamiento divergente. En este sentido, recomendamos los libros de Andrea Beaty porque inspiran a los más pequeños a pensar de manera audaz, a seguir adelante con sus preguntas y a disfrutar del aprendizaje. Nuestros favoritos son *Rosie Revere, Engineer; Ava Twist, Scientist;* e *Iggy Peck, Architect.* Recomendamos igualmente:

- *What Do You Do with an Idea?* de Kobi Yamada
- *The Most Magnificent Thing* de Ashley Spires
- *I Wonder* de Annaka Harris
- *Beautiful Oops!* de Barney Saltzberg
- *Not A Box* de Antoinette Portis
- *Flotsam* de David Wiesner
- *When I Build with Blocks* de Niki Ailing

- Contando historias basadas en sus propias experiencias de aprendizaje y dando consejos para mejorar la capacidad de reflexión. Al compartir anécdotas personales, hablar con los alumnos sobre sus propias reflexiones, los estudiantes pueden visualizar *cómo* se aprende. Para facilitar el intercambio y el apoyo, pueden utilizarse frases como:
  - *Pensaba que...*
  - *Lo que me preguntaba era...*
  - *Mi forma de pensar me hizo creer que...*

- Compartiendo algunas preguntas abiertas con los alumnos para que puedan expresar sus pensamientos y necesidades. Es importante compartir estas preguntas y ayudar a los alumnos a ensayarlas mediante conversaciones y juegos de rol.

- Enseñando y hablando sobre los procesos creativos. Conviene explicarlos paso a paso y cómo cada paso deriva en un mejor resultado final, y considerar la posibilidad de mostrarles lo que ocurre cuando se omite o se elimina cualquiera de ellos. Esto ayuda a comprender la importancia del proceso y la reflexión de manera clara y tangible.

- Creando oportunidades de aprendizaje a través de una amplia gama de recursos para ayudar a los alumnos a interactuar con diferentes formas de información y a comprender cuáles tienen mayor impacto en su comprensión. Se pueden utilizar textos, vídeos, imágenes, invitados expertos, objetos, música, etc.

**Los bibliotecarios ayudan a los alumnos a utilizar el lenguaje y fomentan la colaboración.**

La comunicación verbal *y* la escucha activa forman parte de la colaboración. Gracias a los bibliotecarios, durante los primeros años de su educación, los alumnos pueden mejorar el trabajo en equipo y perfeccionar sus habilidades lingüísticas y de escucha.

- Leyendo libros ilustrados y cuentos que reflexionen sobre los objetivos del trabajo en equipo y la colaboración estableciendo conexiones con sus propias experiencias de aprendizaje a través de historias y "consejos" sobre cómo colaborar y trabajar juntos. Estos son algunos de nuestros títulos favoritos:
  - *Going Places* de Paul A. Reynolds y Peter H. Reynolds
  - *Anything Is Possible* de Giulia Belloni
  - *The Box* de Axel Janssens
  - *The Way Back Home* de Oliver Jeffers
  - *Art & Max* de David Wiesner
  - *Pumpkin Soup* de Helen Cooper
- Poniendo en práctica la colaboración utilizando inicios de frases que permitan profundizar en el aprendizaje y ayudar a los alumnos a entender su papel dentro de la colaboración. Se pueden presentar diferentes inicios de frases y animar a los alumnos a ensayarlas en conversaciones y juegos de rol. Estos son las que solemos utilizar:

- *Te sientes...*
- *Te he escuchado decir que...*
- *Cuéntame más sobre...*

**Los bibliotecarios ayudan a los alumnos a comprender el espacio de la biblioteca y les empoderan.**

El diseño del espacio de la biblioteca influye en la forma en que los alumnos interactúan tanto con sus compañeros como con los recursos y las experiencias vividas en dicho espacio. Si queremos capacitar a nuestros alumnos, es importante tener en cuenta el aspecto de estos espacios, cómo se utilizan y qué esperamos de ellos.

El diseño del espacio en nuestra biblioteca influye en la forma en que los alumnos interactúan tanto con sus compañeros como con los recursos y las experiencias vividas en dicho espacio.

- Los libros son importantes; sin embargo, conviene desviar el objetivo principal de la biblioteca hacia las *experiencias*. Basta con colocar una mesa de provocación, un centro de poesía, un muro de preguntas y mobiliario modular, así como pistas visuales, inicios de frases y consejos para ayudar a los alumnos a utilizar el espacio. Se debe facilitar el acceso de un área a otra para que puedan explorar, interactuar y descubrir experiencias de aprendizaje por sí mismos.
- Fomentar oportunidades para que los grupos de clases extraescolares utilicen el espacio de la biblioteca. Independientemente del grupo (informática, creatividad, arte digital, poesía, escritura o ajedrez), la biblioteca debería

ser el centro de los intereses y pasiones de los alumnos en el colegio. Al proporcionar un lugar para compartir su amor común por algo, demostramos que este espacio común de aprendizaje va más allá de los libros. Es un sitio donde se pueden desarrollar las pasiones gracias al apoyo de los docentes del centro.

- Fomentar la participación de los alumnos en el diseño y montaje de determinadas áreas y exposiciones en el espacio. Pueden plantear y exponer una pregunta esencial en el tablón de anuncios y anotar sus observaciones, dudas y conocimientos sobre la pregunta con rotuladores y notas adhesivas. También pueden traer objetos para fiestas específicas, buscar y seleccionar libros de la biblioteca para acompañar dichos objetos y, por último, crear en una mesa de provocación. ¡A los alumnos les encanta establecer vínculos entre la casa y el colegio que tengan un impacto en sus compañeros!

## Los bibliotecarios son conscientes de su tiempo y lo emplean según sus objetivos de crecimiento.

Deben reservar un tiempo específico para colaborar con determinados cursos. Si el objetivo para los alumnos de infantil y primaria es que comprendan y comuniquen mejor sus necesidades de aprendizaje, hay que asignar el tiempo necesario para cumplir este objetivo, y planificar sus días y semanas para asegurarse de que puede centrarse en su visión y apoyar a todos los alumnos.

El bibliotecario debe dedicar una pequeña parte de su tiempo (alrededor de una quinta parte de su semana) a trabajar exclusivamente con los alumnos más pequeños: los de infantil y primaria. Esta concentración en el tiempo y en la planificación le permite invertir y ayudar a los alumnos a convertirse en firmes colaboradores y alumnos empoderados. Imagine trabajar en profundidad con los mismos alumnos cada semana durante muchos años. A través de su visión, planificación y cuidado, los alumnos pueden desarrollar las habilidades y conocimientos necesarios para mejorar la comunicación y colaboración.

Los bibliotecarios adaptan las habilidades a lo largo de los años para ayudar a los alumnos a crecer en el tiempo. Su visión incluye identificar objetivos para cada nivel, elaborar un plan para alcanzarlos y adoptar estrategias claras y específicas para hacerlos realidad. Este proceso combina grandes ideas con decisiones claras y específicas relacionadas con las actividades, los recursos, las unidades y la enseñanza.

Diseñe un plan para su colegio y sus alumnos, piense cómo incorporar esas ideas y actúe para que estos objetivos se hagan realidad.

### Los bibliotecarios ayudan a los docentes en sus planificaciones.

Los bibliotecarios no solo ayudan a los alumnos más pequeños, también colaboran con los alumnos adultos: ¡los docentes!, apoyándoles en el desarrollo de oportunidades útiles y significativas para que adopten la indagación en sus aulas. Ayudarles a empoderar a sus alumnos refuerza el trabajo y el esfuerzo que han realizado en la biblioteca y lo extienden a las aulas. De este modo, se crean vínculos significativos que ayudan a fomentar las habilidades de colaboración de los alumnos, así como a desarrollar la capacidad del personal para convertirse en los docentes que nuestros estudiantes necesitan.

Los bibliotecarios no solo ayudan a los alumnos más pequeños, también colaboran con los alumnos adultos: ¡los docentes!

Una iniciativa promovida por los bibliotecarios son los denominados "cubos de indagación", un divertido recurso que permite apoyar la indagación en el aula. Lorraine Powell, de la escuela Willows, emplea estos cubos para involucrar a sus alumnos y fomentar la indagación en su escuela:

*Disponemos de varios cubos de indagación con herramientas y recursos relacionados con un tema de indagación específico, diseñados y creados para ser utilizados al aire libre. Los docentes pueden utilizar uno de estos cubos que, junto con una planificación estructurada, les proporciona todo lo que necesitan para crear una experiencia de indagación significativa para sus alumnos. En nuestros cubos hay guías, mochilas, lupas, redes e incluso información de contacto de expertos locales. También añadimos una carpeta de ideas para las lecciones, notas y provocaciones que ayudan aún más a nuestros docentes. Ya sea en un parque, una playa, un bosque o en un campo cercano a nuestra escuela, los docentes pueden establecer conexiones en su indagación con nuestra comunidad, organizar una pequeña excursión o un "paseo por las curiosidades", e invitar a los padres a apoyar y participar en el aprendizaje.*

Planifique y dirija una unidad de indagación guiada en la biblioteca sobre un tema seleccionado por otros docentes. A través de una planificación reflexiva y la facilidad de acceso a los recursos, puede estructurar una unidad de indagación que resulte significativa para sus alumnos. Divida el tema en subtemas que el grupo, en su conjunto, pueda desglosar. Los alumnos también pueden elegir un subtema específico para profundizar en él.

Por ejemplo, los "ecosistemas" se prestan bien para una unidad de indagación guiada. A través de un aprendizaje preliminar, el bibliotecario guía a la clase y explica algunos temas y subtemas, tales como el bosque, las praderas, el desierto, la tundra y el mar. El objetivo es introducir el tema y los subtemas lo suficiente para que los alumnos tengan una idea clara y puedan seleccionar un subtema propio sobre el que aprender más detalladamente en pequeños grupos.

Para ayudar a los alumnos a seleccionar un subtema, puede colocar varios libros en diferentes mesas. Pídales que exploren estos recursos; es decir, que miren y hojeen algunos libros, se sienten a leer uno en particular durante unos minutos y, finalmente, seleccionen un ecosistema sobre el que les gustaría aprender más en los próximos días. Al final de la sesión, pídales que escriban su nombre en dos post-it y las dejen en las mesas de los dos ecosistemas que más les gusten. De esta manera, se asegurará de que todos los alumnos aprendan sobre un tema que les interesa.

Esta indagación guiada ha ido un paso más allá, ya que hemos pedido a nuestros alumnos que investiguen un animal de su interés que habita en el ecosistema específico que están estudiando. Esta unidad de indagación guiada refuerza aún más el esfuerzo individual de cada uno de los alumnos, ya que investigan y demuestran su comprensión utilizando un animal y un ecosistema de su elección, al tiempo que entienden los conceptos más amplios de la unidad.

### Los bibliotecarios ayudan a los alumnos a llevar la indagación a la comunidad.

Los bibliotecarios ayudan a establecer conexiones con la indagación en el aula, la biblioteca, el colegio y la comunidad de diversas maneras. Tanto si se trata de facilitar a los alumnos el acceso a los objetos de un museo, de visitar monumentos históricos o lugares que son patrimonio cultural, como de asistir a una exposición en una galería de arte o conocer instituciones gubernamentales y políticas, los bibliotecarios saben que llevar la indagación fuera de nuestro centro puede potenciar el aprendizaje y, por tanto, el esfuerzo merece la pena.

A través de su proyecto Heritage Inquiry, Sarah McLeod, bibliotecaria escolar del colegio Glenlyon Norfolk, establece vínculos de indagación entre la comunidad y el personal y los alumnos de su centro. A continuación, puede leer un poco más sobre este proyecto:

*Heritage Inquiry, uno de mis proyectos favoritos para los alumnos de cuarto y quinto de primaria, genera una pregunta de indagación sobre un tema específico de interés personal sobre un elemento de nuestra historia, geografía o patrimonio local. Para inspirar a los alumnos y suscitar el debate, visitamos uno de los diversos museos, archivos y lugares de interés histórico de nuestra comunidad. También podemos generar ideas a través de otras provocaciones, como documentales o vídeos cortos. Un personaje destacado o un acontecimiento de la historia familiar de un/a alumno/a también pueden ser temas de interés para que él o ella y su familia exploren en profundidad. Conocer nuestra historia despierta la curiosidad de los estudiantes y les permite explorar temas de importancia histórica.*

*Una vez elegidos los temas y elaboradas las preguntas de indagación, presento los recursos disponibles para apoyar a los alumnos en su investigación. En esta primera fase, me gusta enseñar a mis pequeños investigadores la diferencia entre fuentes de información primaria y secundaria o entre un archivo y un museo.*

*Una vez entendidos los conceptos básicos, los alumnos se embarcan en su propia "indagación del patrimonio" y visitan sitios web de archivos, museos, lugares históricos y monumentos locales y regionales. Esto no solo les proporciona mucha información para explorar, hacerse preguntas e investigar, sino también el examen del contenido y la calidad de estos sitios web, lo cual es una gran oportunidad de aprendizaje para todos. Las librerías de segunda mano suelen ofrecer una gran cantidad de recursos sobre personajes y acontecimientos locales notables y, por otro lado, no es extraño encontrar expertos a los que los alumnos pueden entrevistar, lo que les permite además perfeccionar sus habilidades comunicativas.*

*Este proyecto enseña a mis alumnos que las comunidades cuentan con muchos recursos accesibles a los que recurrir. Es increíble verlos explorar, encontrar fuentes de información primaria e interactuar con las personas de su comunidad que descubren a través de sus proyectos.*

### Los bibliotecarios estructuran la investigación para fomentar destrezas de investigación potentes.

Apoyar la investigación en la etapa de primaria es esencial para desarrollar alumnos que tengan una mentalidad de indagación. Por esta razón, valoramos el proceso de selección y búsqueda de libros de no ficción para proporcionar herramientas de investigación incluso a nuestros alumnos más pequeños. Para aquellos que están comenzando o ya saben leer, podemos emplear textos de no ficción adecuados a su nivel, así como otros textos disponibles en el colegio o en bibliotecas públicas. Siempre que estén al nivel del alumno que los lee, los textos de no ficción son útiles y estimulantes. Los bibliotecarios, en colaboración con los docentes, pueden utilizar herramientas y estrategias para que los fragmentos de textos de no ficción se conviertan en un medio de investigación para los más pequeños.

- *Estrategias de lectura.* Utilizando habilidades y prácticas de lectura para principiantes, podemos ayudar a los alumnos a desarrollar las aptitudes necesarias para convertirse en buenos investigadores. Una de las principales estrategias para que nuestros jóvenes lectores utilicen libros de no ficción consiste en buscar pistas en las ilustraciones para descifrar palabras o entender conceptos del texto. Cuando se les incita a observar las imágenes, son capaces de responder a sus propias preguntas. Luego, podemos leerles un fragmento para proporcionarles una información más detallada. Esta estrategia fomenta la curiosidad y el pensamiento crítico en los alumnos, lo que les ayuda a convertirse en ávidos investigadores.

- *Reading A to Z* (readinga-z.com) es una interfaz de lectura en línea con libros digitales e imprimibles. Kristen Wideen, coautora del libro *Innovate with iPad*, utiliza esta plataforma para encontrar fragmentos de textos de no ficción. Kristen recomienda que los docentes seleccionen previamente lecturas sobre temas específicos, creen carpetas en *Google Drive* y las organicen por habilidades para que los alumnos puedan acceder a ellas durante el proceso de investigación. Por ejemplo, si está trabajando en una indagación sobre mariposas y tiene diferentes niveles de lectura en su grupo, *Reading A to Z* ofrece libros sobre mariposas para cada uno de esos niveles. De esta manera, todos sus alumnos podrán aprender sobre las mariposas con textos adaptados a sus capacidades. Esto también permite que descubran información específica que después podrán compartir en pequeños grupos.

- *Plantilla de investigación\**. Cuando nos limitamos a ver imágenes normalmente intentamos profundizar en el

---

\* *Research Mat* hace referencia a una *Google Slide* o cualquier otra plataforma similar a la que los profesores pueden hipervincular recursos la desarrollar la agencia, la elección de los alumnos y la diferenciación.

aprendizaje más de lo que podemos, aunque también sabemos que leer fragmentos en voz alta puede llevarnos mucho tiempo. Otra forma de fomentar la investigación entre los más pequeños es a través de Plantilla de investigación. Estas plantillas se crean a partir de un tema específico y podemos usar códigos QR para enlazar fragmentos de texto, vídeos cortos y sitios web que el bibliotecario ha identificado como apropiados para cada nivel o para apoyar las necesidades de un alumno en particular. Si usamos un iPad o una tablet, podemos adaptar las plantillas para los alumnos más pequeños y así desarrollar una actividad independiente. Puede crear plantillas de investigación utilizando una hoja de papel de tamaño DIN A3 y un generador de códigos QR virtual (como, por ejemplo, qr-code-generator.com) para enlazar su contenido con códigos escaneables. Guarde e imprima estos códigos QR en las plantillas e incluya una breve descripción para explicar a sus alumnos cómo interactuar con ellos o plantear una pregunta mientras los ven o escuchan. Recomendamos crear una hoja de preguntas o respuestas que acompañe a las actividades, esto permitirá a los alumnos formular más preguntas y reflexionar sobre el tema de la indagación o la pregunta esencial.

## #INQUIRYMINDSET EN ACCIÓN

Visite el sitio web trevormackenzie.com y acceda a los *sketch-notes* de alta resolución gratuitos de *Mentalidad de indagación*. Busque el *sketchnote* "El bibliotecario escolar: su superhéroe de la indagación". Piense en los bibliotecarios de su entorno y en el impacto que han tenido en su crecimiento profesional y el aprendizaje de sus alumnos. Comparta esta nota en nuestra comunidad

*#InquiryMindset*, etiquete o mencione a su bibliotecario, explique por qué es extraordinario en lo que hace y agradézcale por ser su superhéroe de la indagación.

# HACER VISIBLE
# LA INDAGACIÓN

El aprendizaje basado en la indagación fomenta el compromiso de los alumnos con su camino de aprendizaje; este es un proceso que se debe celebrar, ajustar y desarrollar. Somos conscientes del entusiasmo y la motivación de los alumnos cuando preparan una presentación para exponerla en público, pero queremos que sientan el mismo nivel de satisfacción al compartir y reflexionar sobre el proceso de indagación. Este *proceso* es igual de importante, si no más, que el *producto* final del aprendizaje. Cuando trabaja para que sus alumnos se comprometan con su proceso de indagación, tenga en cuenta algunas de las siguientes ideas.

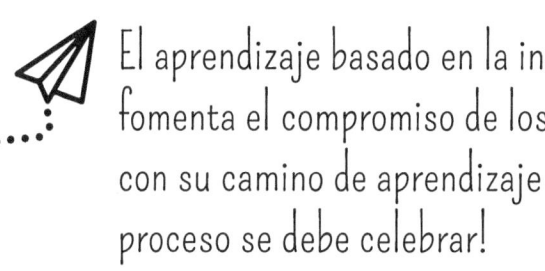

El aprendizaje basado en la indagación fomenta el compromiso de los alumnos con su camino de aprendizaje, ¡este proceso se debe celebrar!

### Pic Collage

*Pic Collage* es una aplicación para iPad que permite a docentes y alumnos crear un collage de fotografías de su proceso de aprendizaje. Para mejorar y realzar esta forma de registrar y documentar el proceso de indagación, podemos insertar textos, imágenes y pegatinas. Utilizamos el iPad para sacar fotos durante distintas actividades y provocaciones de la fase de investigación y demás partes del proceso de indagación. Tenga en cuenta la posibilidad de pedir a los estudiantes que hagan un collage de imágenes y escriban sus recuerdos, sentimientos, observaciones y conclusiones. Los collages pueden compartirse a través de portafolios digitales, eventos familiares o con toda la clase, como forma de celebrar los procesos de aprendizaje individuales y en grupo.

### GoPro

Sin duda, la adquisición de una cámara *GoPro* es una de las mejores inversiones tecnológicas que pueden hacerse para ayudar a los alumnos a hacer visible su aprendizaje. Los estudiantes pueden sacar el *kit GoPro* del aula y grabar su proceso de aprendizaje. Cuando llevan la cámara, les pedimos que narren sus pensamientos, acciones y procesos, y que graben sus experimentos, diseños de prototipos o la práctica de una nueva habilidad en la que están trabajando. Además, disfrutan usando la *GoPro* durante las excursiones al aire libre para profundizar en sus curiosidades, dudas y preguntas. Cuando vuelven a ver algo que han experimentado o que se han esforzado por perfeccionar, aprenden mucho y son capaces de articular sus sentimientos y sus logros, así como de valorar su aprendizaje. A menudo, hacemos un seguimiento de su aprendizaje y les pedimos que narren la grabación a sus compañeros de clase. Estas grabaciones son completamente confidenciales y solo se muestran a los padres a través de nuestros portafolios digitales. Este proceso resulta muy significativo y ofrece una extraordinaria visión del proceso de aprendizaje.

### Adobe Spark

*Adobe Spark* es una herramienta que convierte fotos en presentaciones de vídeo. Sus usuarios tienen la opción de añadir fotografías, iconos o imágenes desde la cámara o a través de una búsqueda segura dentro de la aplicación. Además, es realmente sencillo incluir grabaciones de audio en cada imagen y la aplicación se encarga de integrar la narración con las imágenes para crear fantásticas presentaciones de diapositivas con pistas de audio de fondo. Anime a los alumnos a sacar fotos de su proceso de investigación, sus momentos de mayor inspiración, sus descubrimientos o las creaciones de sus proyectos. También pueden utilizar *Adobe Voice* para documentar y guardar las fotografías en orden cronológico a medida que avanzan en el camino de indagación, lo que facilita la creación del vídeo. Las presentaciones de diapositivas de *Adobe Spark* hacen visible el proceso de indagación. Esto permite que los alumnos reflexionen sobre su camino y sean capaces de autoevaluarse.

### Carpetas de indagación

Nuestros alumnos guardan los libros de no ficción, descubrimientos, cuadernos de investigación y cualquier otra cosa que tenga relación con su indagación en una carpeta de tamaño DIN A3. Les recomendamos organizar sus carpetas en el orden en que utilizaron los materiales e hicieron los descubrimientos en su indagación, y reservamos tiempo a lo largo del proceso para que reflexionen. También les pedimos que revisen sus carpetas y vean dónde empezó nuestra indagación, que repasen su comprensión inicial y sus primeras dudas, y que revisen y aporten modificaciones si es necesario. Queremos que vean cómo han ido cambiando nuestros planes y hablen sobre los nuevos caminos de indagación o los aspectos que nos llevan a nuevas y significativas oportunidades de investigación y aprendizaje. Tanto si nuestro camino de indagación no cambia de dirección como si sufre giros inesperados por intereses, dudas y descubrimientos, celebramos y apoyamos el camino que seguimos.

Además, las carpetas de indagación son una herramienta muy útil en cualquier evento familiar. Los alumnos pueden mostrarlas para que los padres vean todo lo que han escrito, investigado y aprendido. También se pueden usar como tema de conversación cuando comparten sus indagaciones con sus padres en las tutorías dirigidas por los alumnos.

### Tablón de pasiones e intereses

Se trata de un espacio en el aula o en el colegio dedicado a compartir las pasiones e intereses de los alumnos, puede ser una forma estupenda de hacer visible la indagación y de compartir las pasiones que impulsan el aprendizaje basado en la indagación. Dedique un espacio en su aula donde los alumnos puedan pegar post-it para expresar aquello que les apasiona. También puede usar papel cuadriculado para crear listas de lo que les gusta hacer y colocarlas en la puerta de su clase para que todo el mundo pueda verlas. Estos tablones generan un diálogo continuo sobre cómo las pasiones y los intereses impulsan nuestro aprendizaje y van evolucionando con el tiempo. Además, recuerde que un profesor indagador es siempre un modelo a seguir, así que asegúrese de compartir también sus propias pasiones e intereses.

### Documentación y narración del aprendizaje

Conviene documentar el proceso de indagación de los alumnos a lo largo del ciclo de indagación. Obsérvelos y tome notas o fotografías mientras dialogan, hacen preguntas y comparten sus

Marla Margetts. Escuela Primaria Vic West

Trevor MacKenzie, Escuela Americana de Singapur

hallazgos y descubrimientos. Con este material, desarrolle una narrativa visual utilizando una cartulina y comparta el proceso en el tablón de anuncios de la clase o el pasillo del colegio. A medida que vaya avanzando, puede añadir las creaciones artísticas de los alumnos, textos, material de la investigación o cualquier otro tipo de información. De esta manera, la documentación del aprendizaje se convertirá en una importante muestra interactiva del proceso de indagación para alumnos, familias y colegas. Además, nos permitirá reflexionar sobre el camino que los alumnos han tomado en su aprendizaje.

### Siluetas de alumnos pensando

Se trata de una forma sencilla de dar visibilidad a la indagación. Los alumnos dibujan una silueta de su perfil en una hoja de papel de tamaño DIN A3. Podemos facilitar el proceso sacando una foto del perfil de cada estudiante y proyectándola después en la pared. A continuación, pegamos el papel sobre la imagen para que puedan calcarla y recortarla. Los alumnos cuelgan las siluetas en sus mesas o en la pared y pueden pegar recortes de revistas y periódicos por encima. Así, la clase puede ver lo que realmente piensa cada alumno. Además, pueden actualizar sus siluetas cuando quieran, añadiendo textos cortos, fotos y creaciones artísticas.

### Flipgrid

En el capítulo 7 ya explicamos esta herramienta. Sin embargo, queremos destacar también la importancia que tiene para dar visibilidad a la indagación. *Flipgrid* es una plataforma en la que los alumnos pueden compartir sus ideas de manera sencilla. Les gusta verse a sí mismos en la cámara, grabando sus pensamientos o reflexiones y añadiendo emoticonos o símbolos a sus fotos de perfil. Reforzamos su proceso de aprendizaje a través de frases o preguntas que los

Maggie Hultman. Escuela primaria Noble Crossing

impulsan a profundizar y hacer reflexiones más significativas. A continuación, enumeramos algunas de ellas.

- Estoy de acuerdo porque…
- No estoy de acuerdo porque…
- Al principio pensé… porque…
- Mi manera de pensar ha cambiado porque…
- Sé que este recurso es útil porque…

- He aprendido… sobre mi pregunta esencial.
- Me surge una duda sobre…

Podemos volver a revisar estas grabaciones para que los alumnos reflexionen sobre su aprendizaje, compartirlas con los padres en las jornadas de puertas abiertas e incluso utilizarlas como herramientas de evaluación.

Es importante que los alumnos registren, reflexionen e inter-cambien información sobre el *proceso de aprendizaje*. Las herra-mientas que fomentan la visibilidad del aprendizaje no solo sirven para recordarles cada una de las fases de la indagación, también les permiten asumir una mayor agencia en su aprendizaje.

> Es importante que los alumnos registren, reflexionen e intercambien información sobre el proceso de aprendizaje.

## #INQUIRYMINDSET EN ACCIÓN

En este capítulo, le hemos pedido que analice las diferentes for-mas y posibilidades de apoyar a sus alumnos para dar visibilidad a la indagación. Reflexione sobre el *sketchnote* "El alumno indagador" y piense cómo puede ayudar a sus alumnos a registrar, reflexionar y compartir su aprendizaje. Elija uno de estos tres procesos y compár-talo con nuestra comunidad *#InquiryMindset* para demostrar cómo apoya a sus alumnos para que registren, reflexionen o compartan su aprendizaje. Puede subir una foto, un audio, un ejemplo de trabajo o una reflexión de los alumnos, un vídeo, un *Flipgrid*, un *Padlet* o un enlace a una publicación en las redes sociales.

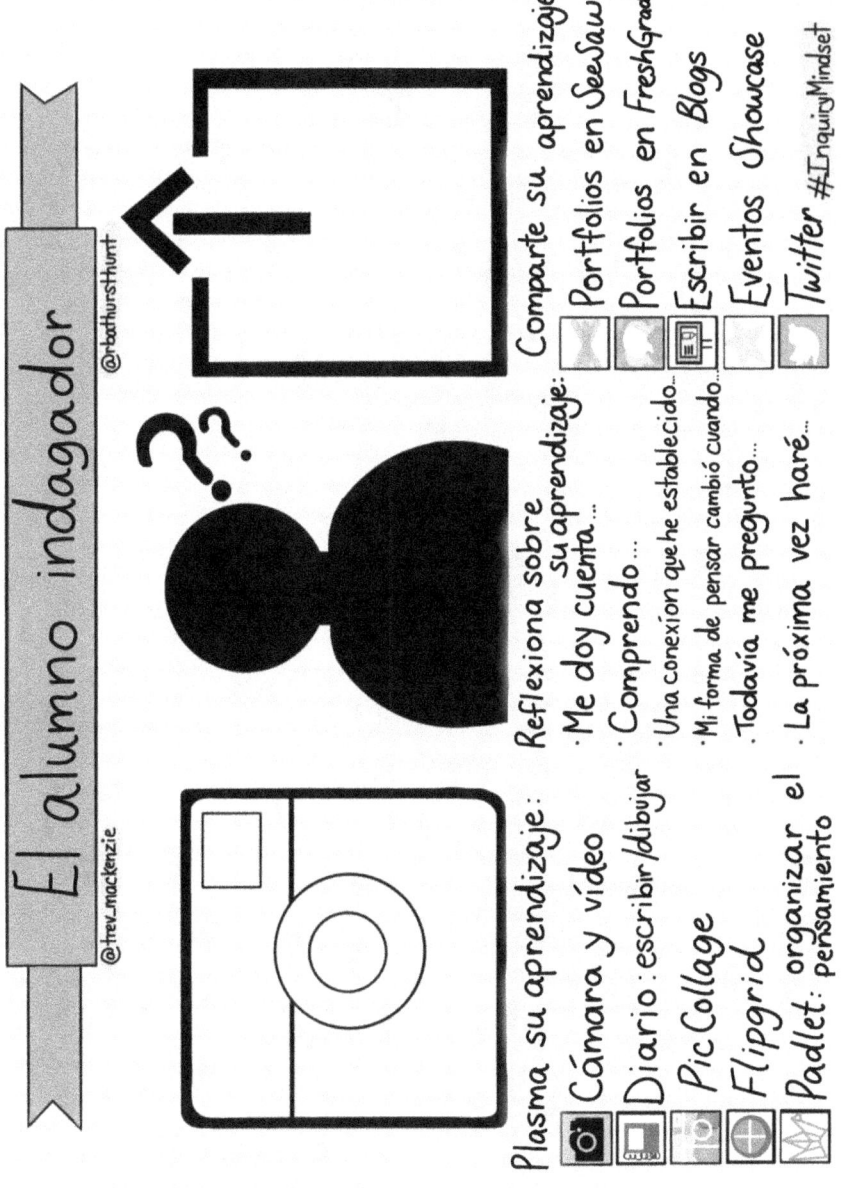

El alumno indagador

@trev_mackenzie  @rbathursthurrt

**Plasma su aprendizaje:**
- Cámara y vídeo
- Diario: escribir/dibujar
- PicCollage
- Flipgrid
- Padlet: organizar el pensamiento

**Reflexiona sobre su aprendizaje:**
- Me doy cuenta...
- Comprendo...
- Una conexión que he establecido...
- Mi forma de pensar cambió cuando...
- Todavía me pregunto...
- La próxima vez haré...

**Comparte su aprendizaje:**
- Portfolios en SeeSaw
- Portfolios en FreshGrade
- Escribir en Blogs
- Eventos Showcase
- Twitter #InquiryMindset

# DEMOSTRACIONES PÚBLICAS DE LO APRENDIDO

Cuando los alumnos exploran temas que son realmente significativos para ellos, suceden cosas sorprendentes. Se sienten comprometidos durante todo el proceso de indagación, orgullosos del trabajo que realizan y menos preocupados por la evaluación de sus conocimientos, de lo aprendido. Nos gusta potenciar estos beneficios y compartir nuestra indagación con un público externo que no está necesariamente en contacto con el contexto académico. Esto hace que el producto final de nuestro camino de indagación sea significativo, emocionante y memorable, y que los alumnos estén animados y motivados para preparar las muestras del aprendizaje que desean compartir.

Cuando los alumnos exploran temas que son realmente significativos para ellos, suceden cosas sorprendentes.

En este sentido, recomendamos tener en cuenta estos tres conceptos: el proceso, la autenticidad y la participación de los alumnos.

*Proceso*: Como ya hemos mencionado, el proceso de indagación es un paso crucial en la indagación libre. Es importante recordar a nuestros alumnos que el proceso es tan importante como el producto final, si no más. Sin embargo, hemos comprobado que si los apoyamos para que valoren y celebren el proceso, podremos organizar eventos para que expongan sus increíbles muestras del aprendizaje. Estamos de acuerdo en que el producto o la muestra final debe ser especial, pero debe incluir alguna reflexión sobre el proceso. Esto invita a desarrollar un pensamiento crítico sobre el aprendizaje que les ha llevado al paso final.

*Autenticidad*: Siempre intentamos que nuestros alumnos sean auténticos en su desempeño. Sin duda, la indagación libre es una experiencia de aprendizaje muy significativa para ellos y queremos que su muestra también lo sea. Es más importante hablar con sinceridad sobre el proceso de indagación y compartir el aprendizaje de una manera auténtica y global, que dar la respuesta "correcta". No buscamos este tipo de respuestas; preferimos que los alumnos se adentren en la indagación, reflexionen, revisen y compartan sus experiencias de manera auténtica, tanto lo que han aprendido como el camino que les espera.

*Participación de los alumnos*: Este es un factor fundamental a la hora de crear muestras del aprendizaje. Sus preguntas, su investigación, su aprendizaje y su demostración pública de lo aprendido representan *su* muestra del aprendizaje. Para algunos docentes, no tener un producto final supone todo un reto; desde fuera, esta etapa del aprendizaje tiende a ser desordenada e incluso caótica. Sin embargo, nosotros disfrutamos mucho esta fase y animamos a los docentes a permitir que sus alumnos lleven las riendas y asuman parte de la agencia en la muestra del aprendizaje para que el resultado sea mucho más significativo y auténtico.

A medida que va incorporando la indagación en el aula, analice algunos de los medios (presentaciones, portafolios digitales o blogs) que hemos empleado para ayudar a nuestros alumnos a compartir su aprendizaje.

## PRESENTACIONES

Las presentaciones en las que participan las familias de los alumnos generan entusiasmo y empoderan a los alumnos a llevar su presentación un paso más allá de la mera transmisión del aprendizaje a los compañeros de clase o del colegio, ya que los familiares son sus más fervientes admiradores. Recomendamos invitar a las familias a eventos y actividades escolares, o tutorías dirigidas por los alumnos. A las familias les encantan los eventos interactivos y, según nuestra experiencia, la asistencia supera todas las expectativas. Entre las diferentes maneras de presentar las muestras del aprendizaje a las familias, estas son nuestras preferidas:

### Museo

Los alumnos se encargan de construir un museo con materiales reciclados, cajas de cartón y objetos artísticos. De esta manera, nos aseguramos de que nuestros estudiantes idean y diseñan todos las obras y piezas expuestas. Recomendamos actividades para recortar y pegar. Es bonito ver lo orgullosos que están del resultado final.

- Comenzamos intercambiando ideas sobre las diferentes partes del museo que deseamos crear: áreas de acceso, carteles, folletos, entradas, exposiciones interactivas y obras de arte, entre otras. A menudo sugerimos a los alumnos que reflexionan sobre los cinco sentidos: *¿Qué van a observar? ¿Qué van a tocar? ¿Qué van a escuchar?*

- Ayudamos a los alumnos a utilizar la tecnología para crear vídeos cortos o grabar experimentos científicos. Esto aporta un elemento atractivo a su exposición.

- Les damos tiempo para elegir, colaborar y diseñar, y aún más tiempo para construir y crear. Dependiendo del grado de independencia de los alumnos, esta actividad se puede llevar a cabo con toda la clase o en grupos más reducidos. Nosotros nos limitamos a ayudar cuando sea necesario. Es importante saber lo que nuestros alumnos necesitan de nosotros, pero también nos mantenemos al margen para que adopten un papel independiente en sus creaciones.

- *Pinterest* es una muy buena herramienta para buscar ideas que sirvan de inspiración para las exposiciones. Los tableros de *Pinterest*, con fotos de proyectos, exposiciones, obras de arte y montajes expositivos, pueden ser muy útiles para que los alumnos exploren ideas y encuentren inspiración. Además, se trata de una búsqueda segura y controlada porque el docente es quien ha creado el tablero y ha seleccionado los pines.

Nuestras creaciones han tenido mucho éxito entre nuestros alumnos.

Colegios Ramón y Cajal, 3º Primaria

Colegios Ramón y Cajal, 3° Primaria

Colegios Ramón y Cajal, 2° Primaria

## Cine

Diseñar presentaciones a través del cine puede ser una buena manera de compartir los proyectos de indagación digitales desarrollados por los alumnos. Nos gusta que se atrevan a crear piezas digitales para mostrar sus conocimientos y, a menudo, las compartimos a través de portafolios digitales o blogs de clase. Sin embargo, hemos comprobado que, si las reservamos para una presentación especial, damos impulso y animamos a los alumnos a crear obras aún más detalladas y refinadas.

- Pida a sus alumnos que intercambien ideas sobre lo que consideran necesario para organizar la presentación para sus familias. Los elementos que se deben tener en cuenta podrían ser: entradas, carteles, taquillas o mesas, acomodadores, presentadores, tráileres de películas, palomitas, disposición de los asientos e iluminación. Recuerde mantenerse al margen y permita que la voz de los alumnos se oiga y sea la fuerza motriz del evento. Preste atención a sus necesidades y ayúdeles a hacer realidad su visión.

- *iMovie* es un editor de vídeo que permite importar secuencias de vídeos y fotos y convertirlas en obras maestras. A los alumnos les gusta utilizar esta herramienta para insertar música, efectos de sonido o texto y así convertir su trabajo en una auténtica película. Además, ofrece una variedad de plantillas y temas a elegir para crear anuncios, informativos, tráileres y muchas cosas más.

- *Green Screen by Do Ink* es una aplicación fácil de usar que permite a los alumnos crear secuencias de vídeo utilizando una imagen de fondo prediseñada. Los usuarios pueden, por ejemplo, compartir información delante de un dinosaurio, bajo el agua o incluso en medio de una nevada. También pueden crear obras de arte y hablar frente a su obra. Esta aplicación es una forma divertida para que los alumnos compartan sus descubrimientos.

### Presentaciones escolares y de la comunidad

Los alumnos pueden compartir su indagación con un público más amplio, sin tener que limitarse a sus familiares, y en un formato más extenso que una sola muestra. ¿Organiza reuniones escolares mensuales en las que sus alumnos pueden compartir su aprendizaje? ¿Sería posible compartir la exposición de su clase, museo o evento con otras clases? Hemos observado que a los alumnos les gusta compartir sus experiencias y aprendizaje con sus compañeros y con otras clases.

### Reuniones académicas

Reunir a todo el colegio para hablar sobre la indagación y el aprendizaje puede ser una experiencia muy positiva para los alumnos. Este tipo de eventos les permite compartir información con un público externo y crear un efecto dominó sobre la indagación para otros alumnos y docentes.

- Los alumnos pueden optar por compartir verbal o digitalmente.
- Los alumnos pueden compartir su aprendizaje y destacar partes de su proceso de indagación oralmente o a través de un cartel o creación artística como estímulo verbal y visual.
- Las canciones, poemas o espectáculos de danza son formas creativas de compartir el aprendizaje y los conocimientos. Además, resultan fascinantes y emotivas para los miembros más pequeños del público.
- Las presentaciones de *Adobe Spark* pueden ser una excelente forma de celebrar digitalmente el proceso de indagación,

los resultados de la investigación y los siguientes pasos en el aprendizaje.

- Los alumnos pueden disfrazarse e interpretar el papel de expertos en una presentación del tipo "¿Sabías que…?". Eligen tres datos interesantes que han aprendido y quieren compartir con el colegio. Los grupos reducidos pueden hacer esto juntos y algunos alumnos pueden mostrar ilustraciones o proyectar fotografías de trabajos o experimentos que hayan realizado.

- Los alumnos que se sientan incómodos o no se sientan preparados para la actividad "¿Sabías que…?" pueden optar por utilizar *ChatterPix Kids* y elegir una imagen que "hable" por ellos. Solo tendrán que añadir una boca en movimiento y compartir un hecho interesante de su elección. Esto resulta muy divertido, provoca risas entre sus compañeros y los mantiene interesados en aprender y escuchar.

**Ferias de creadores**

Se puede organizar una feria de creadores para promover actividades comunitarias en el colegio. Estas ferias son eventos en los que los amantes del diseño y la creatividad se reúnen para compartir y mostrar sus obras, artesanías, proyectos y experimentos. En un entorno escolar, esta feria ofrece a los alumnos la oportunidad de compartir creaciones relacionadas con el proceso de indagación y el aprendizaje en general. Las ferias de creadores están estrechamente relacionadas con las actividades descritas en el capítulo "Los cuatro pilares de la indagación". Disfrutamos viendo a los alumnos diseñar y crear obras para estas ferias, ya que su motivación es mucho mayor cuando el propósito es compartirlas con todo el colegio.

- Apoye a sus alumnos dándoles tiempo para diseñar y crear sus obras. Unas semanas antes, pida a las familias que entreguen material reciclado para que los alumnos puedan utilizarlo durante el período de creación.

- Escoja un espacio amplio para organizar esta feria, por ejemplo, el polideportivo o la biblioteca. De esta manera, otras clases podrán visitar e interactuar con sus alumnos. Invite a otros docentes a visitar la feria en un horario determinado o trate de abrirla durante toda una tarde para que otros alumnos puedan acceder libremente.

- Nos gusta mucho invitar a los miembros de la comunidad a compartir sus creaciones. Para los alumnos es muy estimulante rodearse de creadores que comparten su trabajo y sus pasiones.

## PORTAFOLIOS DIGITALES

Los portafolios digitales son herramientas efectivas para mostrar el proceso de aprendizaje de los alumnos en las que se puede fácilmente subir fotografías, vídeos y grabaciones de audio. En un portafolio digital se puede registrar el aprendizaje diario, los procesos de indagación, los eventos escolares, las evaluaciones formativas e incluso proyectos más amplios. Las familias tienen acceso al portafolio de sus hijos, lo que genera oportunidades para una comunicación significativa sobre el colegio y el aprendizaje entre padres e hijos. Dependiendo de su experiencia y de lo cómodo que se sienta usando portafolios digitales, puede involucrar a sus alumnos en el proceso. La mayoría de los portafolios digitales son accesibles y fáciles de utilizar para alumnos, profesores y padres. Es importante que conozca la política de su colegio sobre el uso de plataformas digitales para poder tomar decisiones relacionadas con estos portafolios, que permiten a sus alumnos registrar y compartir su aprendizaje.

Los portafolios digitales facilitan desde el principio la participación de los padres en nuestra indagación, permitiéndoles ver las curiosidades que se generan durante la exploración de una provocación y las ideas del grupo, así como fotografías y vídeos de los temas que los alumnos han colgado en nuestro muro de preguntas. Creemos que incluir a los padres desde el principio de este proceso fomenta el diálogo y conecta el aprendizaje con la vida familiar de los alumnos. Además, las familias a menudo aportan objetos, folletos, libros y otros recursos útiles relacionados con nuestra indagación. Las imágenes y vídeos del aprendizaje en acción son excelentes demostraciones del proceso de indagación y los portafolios digitales nos proporcionan el medio para compartirlos con el público externo.

Para la mayoría de los padres, este es su primer contacto con el modelo de indagación, es por eso por lo que tenemos que ofrecerles una visión detallada de lo ocurre en el aula. Es importante mantener una comunicación fluida con ellos, compartir información a través de textos cortos, fotografías y vídeos, y proporcionar una ventana al aprendizaje que se está desarrollando en el proceso de indagación.

Para informar a los padres, describimos nuestras actividades adjuntando fotografías y vídeos explicando el aprendizaje que se produce durante el proceso de indagación:

*Estimadas familias,*

*En los últimos días, nuestra clase ha estado informándose sobre los diferentes tipos de clima, por eso vamos a empezar un nuevo ciclo de indagación sobre este tema y el impacto que tiene en nosotros y nuestro entorno. Nos interesan los diversos tipos de climas que han ido surgiendo de nuestros debates (ver imagen adjunta).*

*Su hijo/a va a estudiar en detalle un tipo específico de clima durante este ciclo de indagación. Mañana, los alumnos elegirán el tipo de clima que les interesa y esta semana empezarán a investigar.*

*¿Dispone de algún conocimiento, recurso, herramienta de investigación, experiencia o equipo que pueda ayudarnos a profundizar en este tema? Si es así, nos encantaría que su hijo/a lo trajera al colegio o, mejor aún, que viniera a clase y lo compartiera personalmente con nosotros.*

*Estamos deseando empezar un camino de aprendizaje emocionante y significativo.*

*¡Muchas gracias!*

Este tipo de invitaciones beneficia y enriquece nuestra indagación conjunta de las siguientes maneras:

- Proporciona a las familias una visión de lo que estamos haciendo en clase.
- Invita a las familias a formar parte de nuestro aprendizaje, ya sea viniendo personalmente o enviando algo a clase.
- Estimula el debate en casa entre padres e hijos sobre nuestra indagación.
- Permite a los padres ver la herramienta de intercambio de ideas que estamos utilizando y las ideas de su hijo/a.
- Los padres tienen la posibilidad de añadir ideas, comentarios o sugerencias a las publicaciones.

De este modo, los portafolios digitales se pueden emplear como herramientas de actualización y comunicación, pero resultan igualmente útiles para compartir los procesos de indagación. Publicar fotos de la investigación, de las actividades en grupo y del proceso en general es una buena manera de compartir y documentar el proceso de indagación de nuestros alumnos.

Este portafolio digital permite, sobre todo, compartir cualquier creación de los alumnos en cualquier momento. Antes, la posibilidad de llevar a casa trabajos hechos en clase se producía en momentos muy específicos, normalmente al final del periodo de aprendizaje o de las evaluaciones sumativas. El uso de portafolios digitales nos permite "llevar a casa" mucho más. Podemos mostrar tanto el proceso de aprendizaje como el producto final. Además, las plataformas digitales hacen que compartir con el público externo resulte más sencillo, tanto para ver videos, fotografías o presentaciones de diapositivas, como para leer reflexiones anecdóticas.

El uso de portafolios digitales también ha tenido un impacto positivo en las prácticas de evaluación. El *feedback* que recibimos a través de estas plataformas es verdaderamente significativo y refuerza la evaluación formativa del aprendizaje de los alumnos. Al centrarnos tanto en el *proceso* como en el *producto* del aprendizaje, mejoramos su desempeño, su confianza y su comprensión de los estilos de aprendizaje.

Dos de nuestras plataformas favoritas para crear portafolios virtuales son *Seesaw* y *FreshGrade*. Ambas ofrecen una gran variedad de opciones, aplicaciones y accesos para ayudar a personalizar y ampliar el intercambio de aprendizaje en nuestras clases.

## Seesaw

*Seesaw* es una plataforma fácil de usar, diseñada para los alumnos más pequeños. Los niños navegan fácilmente por los iconos para subir imágenes, vídeos, notas, enlaces, archivos, dibujos digitales y clips de audio a sus portafolios, lo que la hace especialmente adecuada para los más pequeños. Esta aplicación permite añadir grabaciones de audio y dibujos digitales a las fotografías, para luego subirlas y compartirlas con las familias. Una vez disponibles en su diario de *Seesaw*, estas imágenes se añaden a un calendario que el profesor puede ver y usar fácilmente, de manera que el aprendizaje se mantiene organizado y accesible. Docentes y alumnos consideran que se trata de una plataforma útil e intuitiva para conectar con las familias.

### FreshGrade

*FreshGrade Teacher* puede utilizarse como plataforma de escritorio y como aplicación móvil. Este escritorio virtual incluye acceso a un calendario de actividades, un cuaderno de notas, el portafolio de cada alumno así como una opción rápida para añadir publicaciones de fotografías o trabajos relacionados con el aprendizaje. La aplicación para docentes permite capturar el aprendizaje y subirlo en tiempo real. Además, incluye la posibilidad de sacar fotos y añadir clips de audio y vídeo o notas sobre la marcha. *FreshGrade* es muy fácil de usar y, además, cuenta con una aplicación para los alumnos en la que pueden añadir y compartir su proceso de aprendizaje. Pueden subir tareas, fotografías y trabajos fácilmente para mantener a todo el mundo informado sobre el proceso de aprendizaje y celebrar el crecimiento que los docentes ven en ellos en cada lección.

## CREAR BLOGS PARA REGISTRAR EL APRENDIZAJE

Los blogs son otra herramienta que permite a los alumnos compartir su proceso de indagación con el público externo. Si está considerando la posibilidad de crear un blog, tenga siempre en cuenta a sus alumnos. ¿Cómo responderían al desafío de escribir un blog? ¿Cómo les apoyarían sus padres? ¿Puede adoptar con éxito alguna de las ideas que proponemos para influir en su cultura de aprendizaje?

Estas son algunas de las ventajas que los blogs ofrecen a nuestros alumnos más pequeños:

- Empezar la consolidación de conocimientos sobre ciudadanía digital.

- Compartir nuestro aprendizaje con el público externo y otros compañeros del colegio.
- Adquirir fluidez digital, que incluye el dominio, la alfabetización y la competencia social.
- Convertirse en usuarios respetuosos y efectivos en el mundo digital.

Hemos perfilado estas ventajas para que las tenga en cuenta, así como algunos de los pasos y objetivos para empezar a utilizar blogs y ofrecer oportunidades de aprendizaje efectivas a sus alumnos.

Los blogs nos permiten empezar la consolidación de conocimientos sobre ciudadanía digital. Proponemos adoptar un enfoque proactivo sobre este tema, trabajando diariamente sobre la convivencia digital de nuestros alumnos. El profesor debe ser siempre un ejemplo de cómo comportarse en línea de manera personal, profesional y respetuosa. Nuestro blog de clase está siempre disponible: hablamos de él a menudo, mostramos a nuestros alumnos lo que se publica y les hacemos participar de diversas maneras. Cuando los alumnos reciben este tipo de educación a una edad temprana, se convierten en usuarios efectivos y respetuosos en el mundo digital.

Los blogs son un medio para conectar el aprendizaje con el público externo. Los alumnos que crecen en un aula conectada saben que su aprendizaje es algo más que una calificación o un trabajo para el profesor y, por lo tanto, tienen muchas ventajas con respecto a otros estudiantes. El aprendizaje refuerza la importancia del mundo exterior y ayuda a los alumnos a acceder a experiencias y conocimientos que nada tienen que ver con el docente, a crear y desarrollar relaciones significativas o a tener un impacto local y global.

Los blogs nos permiten tender un puente entre la casa y el colegio. En lugar de boletines semanales, pruebe con publicaciones en el blog para informar y establecer conexiones con los padres.

 Los blogs son un medio para conectar el aprendizaje con el público externo.

Le sugerimos que tenga en cuenta varios factores a la hora de planificar y poner en marcha su blog:

### Empiece ya

No se preocupe por el número de visitas ni se pregunte quién va a leer su contenido. Tampoco pase demasiado tiempo decidiendo qué plataforma piensa utilizar para crear su blog ni se obsesione pensando que tiene que ser perfecto. Solo tiene que empezar. Escribir un blog es todo un proceso. Con el tiempo, las visitas llegarán, la gente accederá al blog y usted podrá desarrollar y revisar su espacio en línea como crea conveniente. Quizás quiera cambiar su apariencia o retocar detalles del funcionamiento, pero si pierde mucho tiempo con esto antes de comenzar, estará malgastando energía, tiempo y potencial. Comience de inmediato y muestre a sus alumnos cómo el espacio va creciendo y cambiando con el tiempo. Sea valiente, ¡se lo agradecerán!

### Utilice todas las herramientas disponibles

Conviene utilizar una amplia gama de herramientas para conectar con nuestro público de manera atractiva: hipervínculos para una mayor comprensión, imágenes y vídeos para que las publicaciones cobren vida, *widgets* para ayudar a crear una identidad en línea o diferentes páginas para orientar a nuestro público. Los blogs pueden ser muy útiles si incorporamos estas herramientas en todo lo que publicamos. Si además aprovechamos el poder de las redes sociales para conectarnos aún más con el mundo exterior, resultarán aún más útiles. Ya sea a través de *TikTok*, *Twitter*, *YouTube*, *Instagram* u otras plataformas, compartir en nuestras redes sociales brinda muchas oportunidades a nuestros alumnos.

**¡Comparta, comparta y comparta más!**

Para aprovechar al máximo el potencial del blog, es fundamental compartir información con frecuencia y de manera constante. Queremos que nuestros alumnos vean que actualizamos el contenido y entiendan que su aprendizaje no solo es importante para el docente. Cuanto más compartimos, más nos conectamos con el mundo exterior. Es importante establecer una frecuencia en las publicaciones y reservar el tiempo necesario para lograr nuestro propósito. Recomendamos emplear el método de los veinte minutos para nuestro blog. El objetivo es escribir y publicar en veinte minutos, de esta forma se puede hablar de aquello que más interesa con una voz auténtica y un tono personal. Además, conseguirá que el blog siga siendo una prioridad y no se quede en el camino por falta de tiempo. Si de verdad quiere crear un blog, el método de los veinte minutos le ayudará a incorporarlo en su trabajo diario.

Si queremos crear nuestro propio blog de clase lo tendremos que hacer de una manera estructurada cediendo paulatinamente las riendas a los alumnos, tal y como lo hacemos a través de nuestra filosofía para adoptar la indagación. Animamos a todos los docentes, desde infantil hasta tercero de primaria, a ser los únicos autores y colaboradores del blog. En otras palabras, el docente es quien redacta los textos, publica el contenido y lo comparte por correo electrónico, *Twitter* u otras redes sociales profesionales. Los alumnos se convierten en *bloggers* porque opinan sobre las publicaciones y dan ideas sobre el contenido. También pueden aportar su propio aprendizaje para que el profesor lo publique. Los alumnos de cuarto a sexto de primaria juegan un papel más activo en la creación de estos blogs, colaborando en las publicaciones de forma individual, en parejas o en pequeños grupos. En este caso, los alumnos envían artículos al profesor y los revisan en base a sus comentarios, así hasta recibir la aprobación definitiva para su publicación. El profesor sigue siendo el propietario del blog, pero cede más agencia a los alumnos para redactar los textos y publicar los trabajos, de forma similar a como funciona la prensa escrita. Veamos con más detalle cómo se desarrolla esto en nuestra clase.

## CÓMO EMPEZAR UN BLOG

### Ciudadanía y consentimiento digital

Muchos centros escolares exigen la autorización de los padres para compartir imágenes de sus hijos en Internet. Teniendo esto en cuenta, a principio de curso nos aseguramos de que todos los padres han firmado el formulario que nos autoriza a publicar imágenes de los alumnos participando en el aprendizaje o desarrollando el proceso de indagación. Es importante que nuestros alumnos entiendan el significado de esta autorización, para que sepan de la importancia de la ciudadanía digital. No nos limitamos a enviar un papel a casa para que los padres lo firmen, sino que dedicamos tiempo a hablar sobre los derechos, libertades y responsabilidades digitales en el aula. Conseguir que los alumnos participen en esta conversación nos ofrece grandes oportunidades educativas. Entenderán, por ejemplo, que necesitan permiso para publicar una foto de alguien o de algo creado por otra persona. Adquirir este conocimiento a una edad temprana aporta grandes beneficios en los años venideros. Sabrán que deben pedir permiso a sus compañeros para publicar su imagen, se convertirán en ciudadanos digitales responsables y compartirán contenido de una manera sensata. Aunque están *creando* una publicación, necesitan la autorización de todas aquellas personas que forman parte de esa *creación*. Cuando incluimos a nuestros alumnos en la conversación y les hablamos sobre consentimiento, estamos dando un paso muy importante para formar usuarios virtuales respetuosos.

Si los padres o los alumnos se sienten incómodos y prefieren no dar su consentimiento, tendremos que buscar otras formas para que participen en nuestro blog. A veces publicamos imágenes de nuestros alumnos sin mostrar su rostro ni desvelar su identidad; sacamos fotos desde determinados ángulos o añadimos emoticonos de caras sonrientes para ocultarlos. Utilizamos unos cuantos trucos para que puedan participar todos los alumnos.

También es importante hablar con los padres sobre la autorización porque la mayoría de ellos no han trabajado con educadores que hablen sobre los matices de la ciudadanía digital de una manera tan proactiva. Estas charlas nos permiten compartir nuestras ideas sobre los blogs y la tecnología en el aula, y promover los beneficios y objetivos para la comunidad educativa. Además, las opiniones y comentarios de los padres nos ayudan a adaptar nuestra visión a las necesidades de los alumnos.

Estas conversaciones nos permiten obtener el consentimiento o la autorización para explorar juntos el blog y, además, crean el marco para desarrollar un diálogo entre docentes, alumnos y padres. Cuando todas las partes interesadas tienen un enfoque común para crear el blog, se convierte en una herramienta aún más significativa para el aprendizaje.

## Plataformas para crear un blog

Hemos trabajado con varias plataformas que nos gustan mucho, como *Google Sites*, *Wordpress*, *Edublogs*, *Weebly* y *Kidblog*, que son similares en términos de uso y funcionamiento. Le recomendamos investigar un poco por su cuenta para determinar cuál de ellas puede ser más útil para cubrir sus necesidades. También puede averiguar qué plataformas emplean otros colegios en secundaria y bachillerato o elegir una con la que sus alumnos se puedan familiarizar ahora y seguir utilizando en el futuro.

Como ya hemos dicho anteriormente, nos gustan mucho *Seesaw* y *FreshGrade*, que también ofrecen una amplia gama de herramientas digitales para que los alumnos puedan demostrar sus conocimientos a sus padres y familiares. Muchos docentes complementan sus boletines de notas con el contenido publicado en estos portafolios digitales.

Es mejor elegir una única plataforma para todos los alumnos. Así, podrá explicar cómo usarla, resolver problemas en grupo y podrán ayudarse entre ellos cuando surja algún problema.

## BLOGS EN CLASES DE INFANTIL A TERCERO DE PRIMARIA

En las clases de alumnos más pequeños, el docente es quien comparte en línea: publica los blogs en nombre de los alumnos habiendo previamente obtenido su aprobación. Con el tiempo, los estudiantes tendrán un papel más activo en el proceso, pero de momento el objetivo consiste en establecer las bases para la creación de blogs y compartir nuestra visión para celebrar el aprendizaje en línea.

Queremos que los blogs y la tecnología se incorporen a nuestra cultura de aprendizaje, de manera que los más pequeños los vean siempre como una referencia, tanto en clase como en casa. Cada día, proyectamos nuestro blog en clase para que los alumnos vean este medio de aprendizaje digital en el que compartimos información. Aunque no hayamos publicado nada recientemente, queremos que el blog forme parte de nuestro entorno de clase. Es algo así como nuestra marca virtual y, como tal, queremos que esté siempre a la vista. Nuestros alumnos son conscientes de que el blog es una herramienta de indagación más para apoyar su aprendizaje.

Para los más pequeños, nos encanta publicar resúmenes semanales, entrevistas con alumnos, grandes ideas de la clase e imágenes de una excursión o un evento escolar. De esta manera, captamos la atención del público y estimulamos a los alumnos.

## Resúmenes semanales

En lugar de un boletín semanal o un correo electrónico, utilice el *método de los veinte minutos* para publicar algo que haya resultado interesante para los alumnos durante la semana. Para poner en contexto a sus lectores, use un tono agradable y afable e incluya un breve resumen de la lección o experiencia acompañándolo con algunas fotos del aprendizaje. Con el tiempo, podrá comprobar que tanto los padres de sus alumnos como su red profesional de aprendizaje estarán deseando saber lo que ocurre en su clase.

## Entrevistar a un alumno

Publique una breve pregunta y respuesta con un alumno y, con su autorización previa, comparta una foto de su cara sonriente. Puede preparar esta tarea con antelación usando las preguntas y respuestas de una actividad de escritura. Los alumnos completan las preguntas y usted las recoge como lo haría normalmente, pero antes de devolvérselas hace copias para utilizarlas en el blog. Puede publicar una cada cierto tiempo o crear una página de "Alumnos" o "Quiénes somos" en su blog para publicar todas las biografías de una sola vez. Cuando sus alumnos vean que forman parte de ese espacio en línea, se sentirán conectados con el blog, así como el entusiasmo por lo que se comparte a lo largo del año escolar.

### Compartir una gran idea

Cada cierto tiempo, publique una reflexión más detallada de su trabajo para que los usuarios entiendan mejor el aprendizaje que se desarrolla en el aula. Al final de una unidad de estudio o al concluir el aprendizaje, después de una excursión o como respuesta a un ponente invitado o un evento escolar, se puede compartir esta gran idea y lo que esperaba que sus alumnos experimentaran y obtuvieran de ella. Inserte imágenes del aprendizaje y añada hipervínculos para mostrar los recursos de aprendizaje empleados para profundizar la comprensión. Trate de redactar la publicación de una manera clara y detallada para que su red profesional de aprendizaje pueda desarrollar una secuencia de lecciones similar en su rutina diaria.

### Publicar una excursión o un evento escolar

Convierta las excursiones o los eventos escolares en contenido para su blog. Para proporcionar un contexto visual, haga fotos o pida a sus alumnos que las hagan con la cámara de la clase, el iPhone o el iPad. Al regresar al aula, realice actividades para reflexionar y permitir que los alumnos compartan sus experiencias. Luego, inserte sus "voces" en la publicación. Cuando publique estas actividades en el blog y sus alumnos vean sus *propias* palabras, fotos y experiencias, se sentirán realizados y más comprometidos. Además, entenderán mejor cómo el blog les permite dar a conocer su voz a un público externo.

## BLOGS EN CLASES DE CUARTO A SEXTO DE PRIMARIA

A medida que nuestros alumnos van creciendo, se van dando cuenta de la importancia de los blogs y de su uso responsable para crear experiencias de aprendizaje significativas y conscientes. Poco a poco, permitimos que asuman una mayor agencia en la utilización de la plataforma, pero sigue siendo el docente quien tiene el control del blog. Sin embargo, en los cursos de cuarto a sexto de primaria, los alumnos empiezan a colaborar más con el profesor: le envían textos para su aprobación y revisan las sugerencias a la espera de su publicación. El objetivo consiste en reforzar las bases establecidas desde infantil hasta tercero de primaria e ir añadiendo actividades para que los alumnos tengan un papel cada vez más relevante en el blog.

### Colaborar en el contenido

Recomendamos que los alumnos colaboren en las publicaciones en grupos de tres. Por lo general, les proponemos un tema y les damos una indicación o establecemos un vínculo con el aprendizaje que se desarrolla en clase. Los grupos trabajan en equipo para planificar, redactar, revisar y pulir las publicaciones para su correspondiente aprobación antes de insertarlas en el blog. Analizamos cómo funcionan los equipos de edición de periódicos, revistas y sitios web, y vemos vídeos para aprender más sobre la escritura y la edición colaborativa. Como resultado, los alumnos tienen muchas ganas de escribir y conseguir que su trabajo se publique. Además, desarrollamos diferentes ideas y aprendemos sobre los procesos de edición, revisión y entrega. ¡A nuestros alumnos les encanta ver el aviso de "pendiente de aprobación"!

### Entrevistar a un experto

Esta es la actividad de escritura que más nos gusta para los alumnos de cuarto a sexto de primaria. Cuando se combina con la creación de un blog, esta técnica sirve para compartir el aprendizaje con un público externo. Les pedimos a los alumnos que entrevisten a un experto en un campo que les resulte interesante. Aquellos que practican deportes suelen elegir a un atleta o entrenador, quienes tocan un instrumento optan por un músico o profesor de música, y a quienes les encantan los ordenadores, los juegos y la informática prefieren a alguien del sector tecnológico. Los alumnos realizan la entrevista, sacan una foto del experto y envían su publicación para que el profesor la apruebe. El resultado se plasma en una serie de interesantes publicaciones que reflejan el alto nivel de relevancia personal de la clase.

## Publicar temas que son motivo de orgullo

Los alumnos redactan una publicación sobre algo que han hecho en el colegio y de lo que están especialmente orgullosos y satisfechos. Tienen libertad creativa para escribir sobre *cualquier* tema que les interese. Les pedimos que inserten fotos y, si es posible, vídeos. En nuestras aulas, hablamos a menudo de determinación, perseverancia y mentalidad de crecimiento; por tanto, los alumnos pueden *reflexionar* sobre su aprendizaje en lugar de limitarse a *resumir* una actividad o lección. La agencia que asumen con estos mensajes aporta unos beneficios extraordinarios. Por ejemplo, los alumnos siempre eligen algo de lo que están verdaderamente orgullosos y ese sentimiento de éxito se ve reflejado en la calidad de lo que escriben. Sus reflexiones, siempre bien escritas, son significativas y personales, y proporcionan una evaluación clara y concisa para el profesor. En esta actividad, la agencia de los alumnos refuerza aún más su papel en el aula de indagación. Un papel que les ayuda a convertirse en lo que queremos que lleguen a ser: alumnos y ciudadanos indagadores, creativos e innovadores.

# #INQUIRYMINDSET EN ACCIÓN

Los docentes sabemos que en nuestra profesión es importante compartir información. Cuanto más compartimos, más podemos aprender unos de otros. Esto también ocurre con nuestros alumnos. Cuanto más les animamos a compartir su aprendizaje y a conectarse con la comunidad fuera del aula, más podemos ayudarles a aprovechar las oportunidades que surgen. Comparta una foto, un vídeo, un enlace a un blog o un portafolio con nuestra comunidad *#InquiryMindset* y explique cómo comparte todas las cosas extraordinarias que ocurren en su aula con el público *externo*. Su trabajo inspirará a otros y les animará a ofrecer experiencias similares de cómo sus alumnos están derribando los muros del aula. ¡Estamos deseando ver lo que comparte!

# EL ENTORNO DE LA INDAGACIÓN

La creación de un entorno que fomente la curiosidad, las preguntas, la colaboración y las relaciones en el aula ayuda a estimular la mentalidad de indagación. Creemos que el espacio de aprendizaje puede influir mucho en la creatividad de los alumnos y animarlos a asumir riesgos, compartir inquietudes y profundizar en la indagación con nosotros. Queremos que nuestras aulas sean acogedoras, dinámicas, cómodas e inviten a la reflexión. Teniendo en cuenta los cuatro espacios de aprendizaje de Thornburg del capítulo 8 (la cueva, el abrevadero, la hoguera y la vida), ayudamos a los alumnos a diseñar espacios que apoyen sus necesidades de aprendizaje. Unos cambios sencillos y eficaces pueden tener un gran impacto en su entorno.

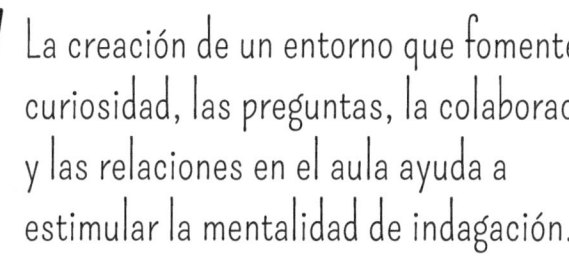

La creación de un entorno que fomente la curiosidad, las preguntas, la colaboración y las relaciones en el aula ayuda a estimular la mentalidad de indagación.

## Disposición del mobiliario

Pregúntese si la disposición de las sillas y las mesas favorece el aprendizaje basado en la indagación. ¿Pueden sus alumnos debatir, investigar en grupo y colaborar fácilmente? Si no es así, intente adaptar los espacios para crear espacios de colaboración con formas ovaladas o triangulares o arreglos tipo mesa de comedor. Durante el tiempo de asamblea, pruebe a añadir algunas mesas bajas o de centro. Es importante disponer de espacios para la colaboración y el aprendizaje individual e introspectivo para fomentar el trabajo en equipo y, al mismo tiempo, respetar a los alumnos que desean trabajar de forma independiente y necesitan tranquilidad y aislamiento. Sentarse en grupo favorece el debate orgánico y el intercambio de dudas, lo que permite a los alumnos investigar y aprender juntos. Cuando trabajan en pequeños grupos, no solo aprenden entre sí, sino que además su conversación genera otras curiosidades de forma natural y da lugar a debates más profundos sobre sus inquietudes, nuestra indagación y nuestro aprendizaje colectivo. En estos espacios también podemos incluir áreas con sillas cómodas y acogedoras. Hemos experimentado con sillones, pequeños sofás, cojines y alfombras/esterillas para crear distribuciones alternativas. La comodidad de estos espacios de aprendizaje invita a los alumnos a buscar recursos, investigar y leer textos informativos.

## Diseño del espacio durante el aprendizaje

Otra forma de ser receptivos a los intereses, preguntas e ideas de nuestros alumnos consiste en hacer visibles en el aula carteles y *sketchnotes* al principio del curso. Reservamos espacio en la pared para las preguntas, carteles o *sketchnotes* que se van creando y para documentar la indagación. Nos gusta que sus fotografías y trabajos artísticos se vean en el aula y que haya un espacio para la documentación y el trabajo de indagación que surge durante el aprendizaje. Según nuestra experiencia, el "lienzo en blanco" crea un ambiente agradable en el que los alumnos se sienten rápidamente dueños del espacio de aprendizaje.

## Espacio para cuestionarse

Como ya mencionamos en el capítulo 7, una amplia zona del aula se destina a hacer visible las reflexiones y pensamientos del alumnado. Nuestro muro de preguntas va tomando forma durante las primeras semanas y se mantiene hasta los últimos días de curso. De este modo, su pensamiento, su aprendizaje y sus curiosidades se respetan durante todo el año. Nos gusta colocar fotos de gran tamaño de nuestros alumnos, acompañadas de burbujas de pensamiento en las paredes del aula. Estas imágenes, además de resultar entrañables y atraer el interés de los compañeros, nos hacen sentir como en casa. Las burbujas de pensamiento nos permiten escribir nuestras reflexiones para que todo el mundo pueda verlas y las reutilizamos constantemente a lo largo del curso. El muro de preguntas es una manera muy útil de potenciar el aprendizaje y la voz de los alumnos.

## Provocaciones

Diseñar las provocaciones puede ser una forma poderosa de despertar el interés y la curiosidad, y de establecer conexiones con los temas, materias y objetivos educativos. Su propósito consiste en fomentar la reflexión, la duda, la emoción, el compromiso, la curiosidad y las preguntas de nuestros alumnos. Además, nos sirven para abrir caminos hacia una indagación más profunda.

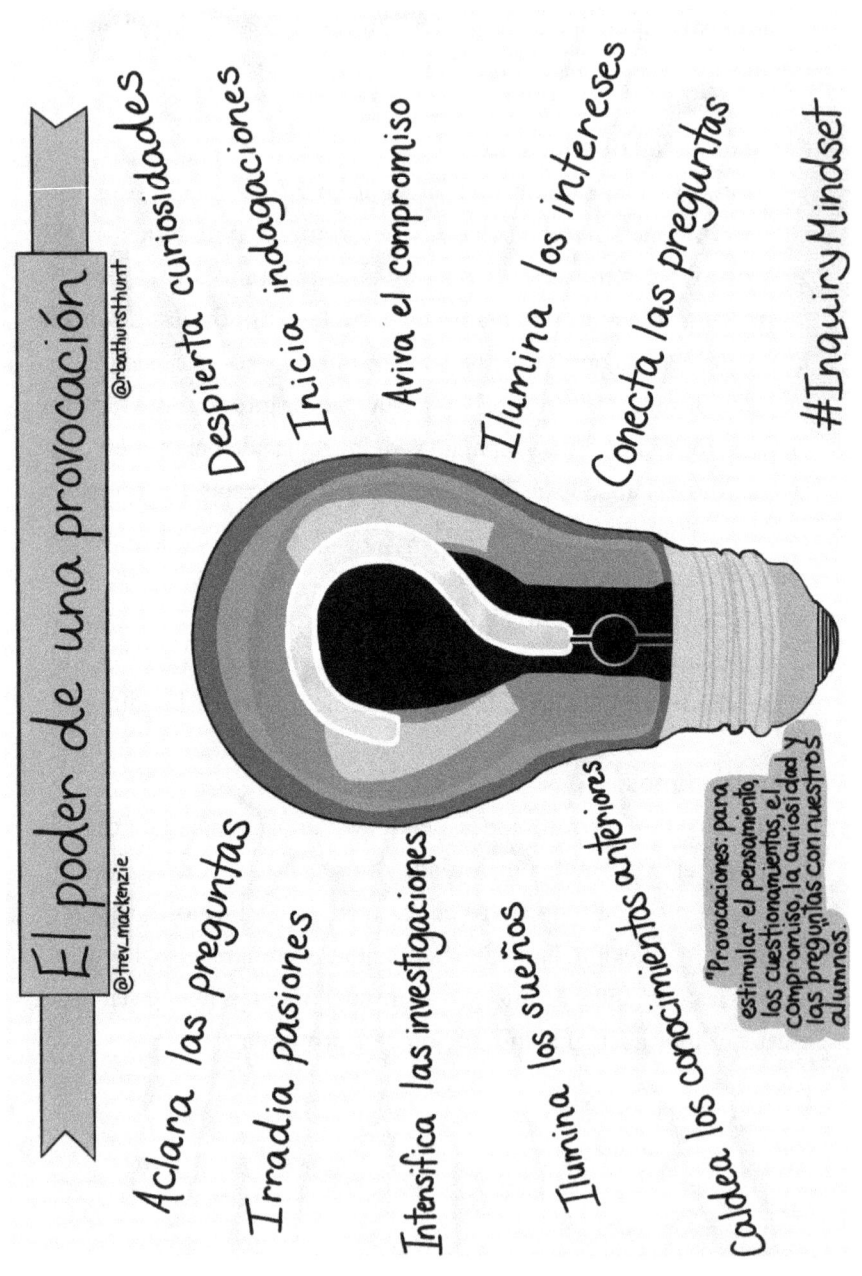

El poder de una provocación

@trev_mackenzie
@rbathursthunt

Aclara las preguntas
Irradia pasiones
Intensifica las investigaciones
Ilumina los sueños
Caldea los conocimientos anteriores

Despierta curiosidades
Inicia indagaciones
Aviva el compromiso
Ilumina los intereses
Conecta las preguntas

#InquiryMindset

"Provocaciones: para estimular el pensamiento, los cuestionamientos, el compromiso, la curiosidad y las preguntas con nuestros alumnos.

## Mesas de observación

La mesa de observación es una de las técnicas de provocación que más empleamos en nuestra clase. En ella, los alumnos disponen de un área para observar la provocación, hacer preguntas y colaborar con sus compañeros. A veces, los objetos se relacionan con un tema específico de la indagación; otras veces, podemos usar distintos elementos para generar ideas, dudas y preguntas. Hemos comprobado que, con el tiempo, los alumnos empiezan a traer objetos a la mesa de observación y crean su propia exposición para suscitar las preguntas y curiosidades de sus compañeros. Tanto alumnos como docentes disfrutamos mucho de la agencia orgánica en el aprendizaje en el aula, ya que los alumnos se convierten en artistas y diseñadores de experiencias de aprendizaje, y potencialmente dan forma a nuestro camino de indagación colectivo en clase.

Al crear su propia mesa de observación, tenga en cuenta los siguientes factores:

- Utilice una mesa que fomente la colaboración y permita a varios alumnos observar al mismo tiempo.
- Disponga de lupas y, si es posible, de un visor de gran tamaño para que los alumnos puedan observar más de cerca lo que se comparte.
- Para hacer que los alumnos reflexionen y compartan información, utilice este tipo de indicaciones:
  - ¿En qué te fijas?
  - ¿Qué te preguntas?
  - ¿Qué sabes?
  - ¿Qué historias se cuentan aquí?
- Distribuya carpetas de clip para que los alumnos documenten sus observaciones. Pídales que tomen nota de lo que ven y tocan o de las reflexiones que surgen de las indicaciones mencionadas anteriormente.

- Coloque lápices, bolígrafos, colores y demás materiales para animar a los alumnos a plasmar sus pensamientos y darles opciones para que incluyan detalles al documentar sus observaciones.
- Dependiendo de lo específico que sea su tema, puede añadir algunos textos de no ficción para suscitar más preguntas, curiosidades e intereses. Así, ayudará a desarrollar los pasos iniciales de la investigación.
- Coloque alguna indicación sobre el iPad o la tablet que anime a los alumnos a sacar fotos de lo que ven y registrar sus pensamientos.

En la siguiente imagen vemos cómo se crea una reflexión basada en las ideas de un grupo de alumnos al observar una provocación

J'OBSERVE UN NID

THE BEGINNINGS OF AN INQUIRY

J'observe...
"It is made very well."
"There is no egg."
"The oiseau flew away."
"I think they make the nest, then a soft pad, then lay their eggs."
"It's strong!"

J'observe...
"I know they use mud, spider webs, and sticks."
"They probably used grass."
"The little oiseau can't get escape because the sides are high up."

A friend brought a nest in from home to share.

Rebecca Bathurst-Hunt
@rbathursthunt

con un nido de pájaros. A través de *Canva*, una herramienta digital para desarrollar narraciones, carteles y folletos, reflejamos las preguntas y observaciones de uno de nuestros alumnos más pequeños.

## Objetos curiosos

Compartir objetos curiosos con todo el grupo es otra forma de motivar el aprendizaje e incitar a los alumnos para que compartan sus preguntas en voz alta. Bianca McEwen, de la Escuela George Jay, describe la increíble experiencia que supuso llevar un objeto a su clase para ayudar a sus alumnos a pasar de lo desconocido a lo conocido:

*Un día, llevé a clase una gran chapa enrollada de madera de cedro y la dejé sobre la mesa de observación. Mis pequeños alumnos exploraron a su aire: tocando, oliendo, pesando y apilando. Formulé una pregunta sencilla pero directa: "¿Qué es esto?". Sabía que la mayoría de ellos no sabría contestar, sobre todo enrollada así. Las respuestas fueron muy variadas: "¿Es un nido? ¿Una madera? ¿Una casa? ¿Una rueda? ¿Un trozo de bosque?".*

*Cuando les expliqué que era madera de cedro, les pregunté si querían saber más sobre ella y cómo podíamos encontrar respuestas. Pensamos, compartimos ideas, volvimos a pensar un poco más y, poco a poco, fuimos reduciendo nuestra lista de preguntas. Luego elaboramos un plan para encontrar respuestas. Preguntamos, investigamos y documentamos nuestro aprendizaje y, en todo momento, les pregunté qué necesitaban de mí y les animé a asumir la responsabilidad de su aprendizaje.*

*A medida que ahondamos en nuestra indagación, adquirían mayor conocimiento de los hechos aunque, en mi opinión, la magia se produjo cuando debatimos sobre cómo compartir el conocimiento. Fue en ese punto donde nos preguntamos por qué estábamos aprendiendo cosas sobre el cedro, y esto nos proporcionó una referencia y contexto idóneos para un aprendizaje más profundo sobre la cultura de los pueblos originarios de nuestra área. Cuanto más importante era el conocimiento para los alumnos, más lo compartían. Recibí muchos correos electrónicos de los padres en los que me decían lo orgullosos que estaban sus hijos de poder enseñarles todo este conocimiento a ellos, a sus abuelos y a sus hermanos. Es muy gratificante ver la emoción y el orgullo que sienten los alumnos cuando pueden asumir el rol de docentes y de alumnos.*

### Piezas sueltas

Reunir pequeños objetos de la naturaleza, de casa, de tiendas de segunda mano o de mercadillos puede ser una buena forma de desarrollar la creatividad y crear un vínculo con los temas de la indagación. Si colocamos estos objetos en cajas o cestas accesibles en la clase, podemos estimular el pensamiento y fomentar las preguntas. Los niños disfrutan clasificando, contando, creando y compartiendo curiosidades sobre estos pequeños objetos. Por lo general, quieren saber de dónde proceden y por qué hay tantos iguales. Le recomendamos que reúna las piezas sueltas en pequeños grupos. Incorpórese a su juego y colóquelos en una mesa para ver qué hacen sus alumnos. Los más pequeños suelen crear patrones, espirales o formas. A medida que su colección de piezas sueltas vaya creciendo, tenga en cuenta los siguientes puntos:

- Invierta en unas cuantas cestas y cajas de almacenaje. Colocar cuidadosamente estos objetos puede ayudar a mejorar las creaciones de los alumnos.

- Tenga en cuenta la posibilidad de reunir conjuntos de un mismo objeto, bien sean abalorios monedas, elementos de la naturaleza, pajitas, tapones de botellas, corchos, piedras o cualquier otra cosa que se le ocurra.
- Coloque los objetos en tapetes para elaborar una especie de centro de "diseño y construcción" en el que los niños puedan construir, clasificar y crear. Esta zona facilitará la concentración y ayudará a mantener la clase ordenada.
- Pruebe a darles formas (espirales, letras, números, etc.) para que los alumnos las tracen utilizando las piezas sueltas. Esta es una técnica muy útil para crear preguntas e indagaciones basadas en la alfabetización y la aritmética.

## Área de minimundos

Esta área está diseñada para provocar preguntas a través del *juego* y la *exploración*. Las escenas de estos minimundos pueden relacionarse con un tema de indagación específico o utilizarse para fomentar la curiosidad sobre dicho tema. En primer lugar, montamos el área y, poco a poco, la vamos adaptando en función de los intereses e ideas de los alumnos. A veces, este área ha evolucionado rápidamente hasta convertirse en algo que jamás hubiéramos imaginado. Nos gusta que los alumnos se hagan dueños de estas áreas y nos lleven a sorprendentes e inesperadas experiencias de aprendizaje.

Es importante dar espacio y estimular a los alumnos para que reflexionen sobre un tema o asunto específico y desarrollen apego y curiosidad a través del juego. Le recomendamos que documente las interacciones de sus alumnos en el área de minimundos y analice cómo va evolucionando esta zona en función de sus ideas, personalidades e intereses. Sacamos fotos, apuntamos las anécdotas que surgen de las conversaciones y los comentarios de los alumnos mientras interactúan con esta área para luego transmitir la información a sus familias y, así, fomentar y generar conversaciones significativas en casa sobre su aprendizaje. Esta cercanía conecta a las familias con nuestra indagación y con futuras experiencias de aprendizaje durante el año escolar.

> Es importante dar espacio y estimular a los alumnos para que reflexionen sobre un tema o asunto específico y desarrollen sentimientos de apego y curiosidad a través del juego.

Al construir su propia área de minimundos, tenga en cuenta los siguientes factores:

- Utilice una mesa baja, más o menos a la altura de las rodillas, para que los alumnos puedan reunirse, explorar y colaborar al mismo tiempo.
- Reúna piñas, piedras, corchos, rocas, ramitas, pequeños bloques, botones o cuentas de madera.
- Cree un jardín zen para que los alumnos exploren y jueguen en él.
- Reúna objetos como pueden ser figuras de madera, muñecos de fieltro, formas o cualquier cosa relacionada con un tema específico que esté desarrollando en su indagación o en una provocación.
- Si es posible, use un iPad para animar a los alumnos a que documenten su juego. Pídales que saquen fotos de sus creaciones o de cualquier parte especial de su juego y exploración. Estas imágenes se pueden compartir con todo el grupo y son un buen punto de partida para debatir en

grupo y generar interés sobre un tema o ideas vinculadas con la provocación y los planes de indagación de tu minimundo.

* Proporcione carpetas de clip que inviten a dibujar y documentar historias, preguntas, intereses y juegos que puedan surgir durante el tiempo que estén en esta área.

## Ventana de preguntas

Otra provocación que utilizamos es una ventana de preguntas, se trata de una zona específica en una de las ventanas de nuestra clase que sirve para fomentar las observaciones al aire libre y las preguntas. Enmarcamos una parte del cristal con cinta adhesiva para animar a nuestros alumnos a mirar al exterior y compartir lo que ven. Abrimos cortinas y persianas, aprovechamos las actividades al aire libre a lo largo del curso y reconocemos y celebramos los cambios en la naturaleza.

Cuando observamos algo que sucede en el exterior, aprovechamos para perfeccionar nuestra mentalidad de indagación. Si hay una excavadora trabajando enfrente de nuestra clase, abrimos las persianas y animamos a nuestros alumnos a dibujar lo que está ocurriendo. Si hay un cortacésped segando la hierba de nuestro colegio, les pedimos que documenten sus observaciones. Cuando el clima cambia y empieza a llover, a nevar o el sol asoma por detrás de las nubes, mantenemos las persianas abiertas e invitamos a los niños a expresar oralmente sus sentimientos y les animamos a cuestionar y compartir por qué creen que el tiempo está cambiando. Disponer de una zona específica para observar puede ser una manera muy interesante de fomentar las preguntas y exploraciones naturales.

Al construir su propia ventana de preguntas, no olvide:

* Colocar cinta adhesiva alrededor de una ventana o un marco de fotos vacío. Si es posible, cree un marco decorado, un cuadro o un retrato para crear una atmósfera de museo.

- Si es posible, proporcionar unos cuantos binoculares o lupas de bajo coste para mirar más detalladamente a través de la ventana de preguntas.
- Crear un "diario de preguntas", proporcionar carpetas de clip o folios y herramientas de escritura para facilitar la documentación de observaciones.
- Si es posible, entregar un iPad a los alumnos para que saquen fotos. A través de *Adobe Spark*, se pueden colocar estas imágenes de dos en dos de manera que los alumnos puedan sacar una foto, añadir sus observaciones y explicar lo que ven. Este material se puede compartir con toda la clase o con las familias en nuestra plataforma de portafolio digital.
- Combinar la ventana de preguntas con una pequeña colección de libros para despertar el interés por las actividades al aire libre y los cambios medioambientales.

Como ha podido comprobar, puede repensar y rediseñar fácilmente el entorno de su aula para fomentar las curiosidades, dudas y preguntas de los alumnos. Cualquier docente, incluso con un presupuesto ajustado, puede adoptar estas sugerencias y fomentar la indagación de sus alumnos.

## #INQUIRYMINDSET EN ACCIÓN

En este capítulo, hemos propuesto una serie de técnicas sencillas, pero bastante significativas, para cambiar su entorno de aprendizaje y apoyar mejor la indagación. Dedique unos minutos a observar y analizar los espacios de su clase. ¿Qué le gustaría cambiar, reorganizar, rediseñar o reestructurar basándose en lo que proponemos en este capítulo? Una vez identificada un área o elemento específico que le gustaría transformar, saque unas cuantas fotos del espacio antes de seguir adelante con sus planes. Después, realice los cambios que desee y que ayudarán a potenciar la indagación de sus alumnos. Una vez más, documente todo el trabajo realizado y documente los cambios del proceso de rediseño. Por último, cuando haya completado su proceso de rediseño, saque algunas fotos de su nuevo espacio. Comparta las mejores imágenes con nuestra comunidad *#InquiryMindset* para que todos podamos ver su espacio y aprender más sobre la transformación que ha llevado a cabo.

# INDAGACIÓN Y EDUCACIÓN INCLUSIVA

Tanto si los alumnos crecen en familias acomodadas y en ambientes saludables como si están en situación de pobreza y desatendidos, si son intelectualmente capaces o se enfrentan a retos específicos en su aprendizaje, todos pueden prosperar en la indagación. Un mito común sobre la indagación es que la agencia de los alumnos solo se da en algunos de ellos. Sin embargo, no solo todos *merecen* la oportunidad de adaptar sus métodos educativos, sino que también pueden obtener muy buenos resultados cuando se les ofrece la comprensión, las habilidades y la mentalidad para hacerlo.

Todos los alumnos no solo *merecen* la oportunidad de adaptar sus métodos educativos, sino que también pueden obtener muy buenos resultados cuando se les ofrece la comprensión, las habilidades y la mentalidad para hacerlo.

Esto es especialmente cierto con los alumnos con necesidades educativas especiales. Como se ha señalado a lo largo de *Mentalidad de indagación* y *Sumérgete en la Indagación*, hemos sido testigos de cómo un enfoque basado en la indagación capacita a los alumnos cuando entienden tanto sus puntos fuertes como sus necesidades de aprendizaje. Cuando la relevancia, la autenticidad y la agencia se integran en el aula, los alumnos están más comprometidos con su aprendizaje, más dispuestos a profundizar y perseverar a través de los obstáculos del aprendizaje. Y por si esto fuera poco, aprenden a comunicarse y colaborar mejor.

Teniendo esto en cuenta, nos gustaría ofrecer algunas ideas para ayudarle a adoptar con éxito la indagación con sus alumnos con necesidades educativas especiales.

## EDUCACIÓN INCLUSIVA

Al poner en práctica la indagación con alumnos con necesidades diferentes, conviene empezar por crear un aula y una comunidad educativa de educación inclusiva. La educación inclusiva significa que todos los alumnos asisten y son acogidos en el colegio de su barrio o ciudad en clases adecuadas a su edad y reciben apoyo para aprender, contribuir y participar en todos los aspectos del centro. Los alumnos con necesidades de aprendizaje especiales no asisten a clases o programas diferentes alejados de sus amigos o grupo de compañeros. El objetivo es que todos, más allá de sus capacidades educativas, aprendan en la misma clase recibiendo el apoyo necesario.

Todos los alumnos que aprenden en un entorno inclusivo se benefician de la diversidad en el aula. A medida que descubren sus puntos fuertes y establecen objetivos educativos personalizados, también son conscientes de sus propios retos y de los recursos de apoyo de los que disponen. Además, la educación inclusiva fomenta una cultura de respeto en el aula y en el colegio, ya que los alumnos entablan amistades y colaboraciones con un amplio abanico de alumnos, cada uno de ellos único en cuanto a sus capacidades.

La indagación prospera en un entorno de educación inclusiva. Cuando la confianza y las relaciones están en la vanguardia del aprendizaje, el beneficio para los estudiantes es mutuo. Si los alumnos con necesidades diferentes trabajan con un especialista o con un profesor *fuera del aula*, se les niega no solo la confianza, sino también las relaciones con sus compañeros y con el profesor indagador. Además, se les priva del impacto de la agencia. Aunque los profesionales implicados tengan las mejores intenciones, con demasiada frecuencia vemos que estos alumnos son condenados al ostracismo y etiquetados porque se les saca de clase. Esto afecta mucho a su autoestima. Las clases de educación inclusiva invitan al personal de apoyo a entrar en el aula de indagación y trabajar con determinados alumnos, junto a otros docentes, en nuestra comunidad educativa. Esto ofrece oportunidades significativas para que todos los alumnos colaboren, se apoyen y crezcan juntos.

> Las clases de educación inclusiva invitan al personal de apoyo a entrar en el aula de indagación y a trabajar con determinados alumnos, junto a otros docentes, en nuestra comunidad educativa.

## DISEÑO UNIVERSAL DEL APRENDIZAJE

Nos gusta mucho emplear el Diseño Universal del Aprendizaje (DUA), un marco para la planificación del currículo caracterizado por:

- *Múltiples formas de representación*, para ofrecer a los alumnos varias formas de adquirir información y conocimientos.
- *Múltiples formas de expresión*, para ofrecer a los alumnos alternativas para demostrar lo que saben.
- *Múltiples formas de compromiso*, para captar el interés de los alumnos, estimularlos adecuadamente y motivarlos a aprender.

Creemos que todo lo que proponemos en *Mentalidad de indagación* y *Sumérgete en la indagación* se basa en los principios del DUA, al describir cómo, en el aula de indagación, los alumnos están capacitados para adquirir conocimientos a través de diversas fuentes y demostrar su comprensión en una variedad de formas a la vez que exploran sus intereses, curiosidades y pasiones. En el marco del DUA, la idea de que el diseño pedagógico es el mejor para *todos* en el aula de indagación es fundamental. Este diseño también se emplea en la creación de métodos educativos personalizados a través de la indagación. Facilita el proceso y las estructuras necesarias para apoyar mejor a todos los alumnos, que a su vez pueden formular una pregunta como punto de partida para la indagación. Este comienzo del aprendizaje (con una pregunta esencial, una duda o una curiosidad) dará forma a sus experiencias en el aula de educación inclusiva.

Todos los alumnos pueden formular una pregunta como punto de partida para la indagación. Este comienzo del aprendizaje (con una pregunta esencial, una duda o una curiosidad) dará forma a sus experiencias en el aula de educación inclusiva.

## PLANES EDUCATIVOS INDIVIDUALIZADOS

En el aula de indagación, los alumnos con un Plan de Educación Individualizado (PEIs o *Individualized Education Plans*, IEP, por sus siglas en inglés) participan en el proceso de construcción y mantenimiento de su camino de aprendizaje, identifican los apoyos necesarios y reflexionan y revisan estos planes a lo largo del año. Estos alumnos conocen muy bien su plan individualizado. Por lo general, estos planes, a menudo elaborados por coordinadores o docentes y firmados por los padres, no llegan a los ojos de los estudiantes. En el aula de indagación, el papel de nuestros alumnos en este proceso es muy diferente. Les damos la palabra y les permitimos intervenir en la estructuración de sus caminos de aprendizaje y sus planes individualizados.

Cuando los alumnos asumen la agencia y la responsabilidad en su aprendizaje, saben cuáles son sus puntos fuertes y sus necesidades. Entienden cómo la programación se modifica o se adapta a ellos, al igual que las estrategias de enseñanza que se aplican, la tecnología de apoyo que tienen a su disposición y los entornos a los que tienen acceso. La indagación permite que nuestros alumnos se hagan dueños de sus PEIs.

## DIFERENCIACIÓN

Las oportunidades para una verdadera diferenciación -es decir, docentes trabajando con alumnos que requieren más apoyo y atención-, se dan a menudo en el aula de indagación por diferentes razones. En primer lugar, la colaboración y el trabajo en grupo son facetas de la indagación que potencian la diferenciación. Tanto en la indagación controlada, en la que todos los alumnos exploran una misma pregunta esencial, como en la indagación guiada, en la que trabajan en grupo sobre un mismo tema y comparten ideas y recursos, o en la indagación libre, en la que eligen una pregunta o un camino de aprendizaje similares, las oportunidades de diferenciación son numerosas.

En segundo lugar, cuando los alumnos exploran en detalle temas de relevancia personal de una manera auténtica, el profesor indagador puede ser más flexible en el uso del tiempo en clase. En lugar de clases magistrales, puede unirse a los alumnos en el *aprendizaje* y trabajar para diferenciar *en ese mismo momento*, sobre la base de las necesidades específicas de cada uno de ellos.

En lugar de dar clases magistrales, el profesor indagador puede unirse a los alumnos en el aprendizaje y trabajar para diferenciar en ese mismo momento, sobre la base de las necesidades específicas de cada uno de ellos.

Por último, cuando los alumnos se sienten capacitados y son conscientes de cuáles son sus puntos fuertes y los retos que deben afrontar, con el tiempo comienzan a diferenciar *por sí mismos*. Bien sea seleccionando un vídeo en lugar de un texto para profundizar en la comprensión, una entrevista en lugar de un trabajo para investigar un tema de indagación, o una presentación en lugar de un texto escrito para demostrar la comprensión, cuando los alumnos saben lo que funciona para su aprendizaje, comienzan a diferenciar para apoyarse mejor entre sí. ¡Increíble!

## ESTABLECER LAS CONDICIONES PARA EL APRENDIZAJE

Crear las condiciones para el aprendizaje es el primer paso hacia la indagación en las clases y programas de educación inclusiva. En este caso, hay mucha diferencia entre la educación primaria y la secundaria, ya que en los grupos de primaria normalmente un solo docente trabaja con los alumnos durante la mayor parte de la jornada escolar. Al haber menor movilidad entre clases, docentes y planes educativos, la estructura de la escuela primaria ofrece grandes oportunidades para la indagación y el aprendizaje personalizado. Dependiendo de dónde se encuentren los alumnos en la indagación, los docentes pueden planificar a lo largo de períodos de tiempo más largos. Las asignaturas tradicionales se enseñan cuando una pregunta esencial se basa en una de ellas, aunque también puede influir en otras áreas a lo largo de nuestra unidad de indagación. Además, hay más oportunidades para la colaboración y la enseñanza en grupo, y resulta más fácil profundizar en el aprendizaje fuera del aula y dentro de la comunidad. No es de extrañar que la indagación encuentre un gran apoyo en la escuela primaria porque está literalmente integrada dentro de ese marco.

En nuestras clases de educación inclusiva, todos los alumnos desarrollan una idea de cuáles son sus capacidades a lo largo del curso. Desarrollan una conciencia, no solo de sus puntos fuertes y necesidades como alumnos, sino también de los puntos fuertes y necesidades de los demás. Se forma una auténtica comunidad educativa en la que la colaboración sucede de una manera orgánica, a la vez que se fomentan habilidades y competencias blandas.

## #INQUIRYMINDSET EN ACCIÓN

En este capítulo, hemos destacado los beneficios que la indagación puede aportar a todos nuestros alumnos. A lo largo de tantos años de trabajo, hemos sido testigos de cómo la indagación crea oportunidades educativas significativas y relevantes para los alumnos más vulnerables, aquellos con necesidades de aprendizaje diferentes. ¿De qué manera le ha ayudado la indagación a incluir a todos sus alumnos? Comparta una situación en la que utilizó la diferenciación y la personalización para satisfacer mejor las necesidades de algún alumno. Comparta la experiencia con nuestra comunidad *#InquiryMindset*.

# CONCLUSIÓN

Al principio del presente libro describimos lo que es ser profesor indagador y algunos de los conocimientos, características y valores que poseen estos educadores. Le invitamos a embarcarse en la lectura con un plan de crecimiento profesional en mente: ser consciente de sus objetivos como docente, reflexionar sobre su trabajo y hacer todo lo posible para satisfacer mejor las necesidades de los alumnos. De esta manera, enmarcamos su lectura con una pregunta esencial:

Después de leer *Mentalidad de indagación*, ¿se considera un docente diferente y más completo?

Ha llegado el momento de poner en práctica todo lo aprendido para hacer realidad su sueño.

Para ayudarle en su camino más allá de *Mentalidad de indagación*, le invitamos a seguir compartiendo su crecimiento, la adopción de la indagación en su trabajo y el impacto que este camino tiene en sus alumnos con nuestra comunidad *#Iquirymindset*. Usted es uno de los muchos docentes en todo el mundo que se hace la misma pregunta: ¿Cómo puedo satisfacer mejor las necesidades de

mis alumnos? Confiemos los unos en los otros, apoyémonos mutua-
mente y sigamos, como siempre, aprendiendo unos de otros.

Les deseamos todo lo mejor en su camino de indagación.

Hasta pronto.

Trevor    Rebecca

# AGRADECIMIENTOS

**De Trevor**

A mi encantadora esposa Sarah, que me apoya incondicionalmente, me da más de lo que podría imaginar y siempre lidera con el corazón. A mis hijos, Ewan y Gregor: ¡sois lo más! Os doy las gracias por la alegría que aportáis a nuestro mundo cada día. Seguís abriendo mis ojos a todo lo que es importante en la vida: vivir el presente, compartir en familia, abrazos y mimos y, por encima de todo, el amor. A mi familia, amigos y compañeros que forman parte de esta maravillosa vida, mi más profundo agradecimiento. Y a mi madre, Marlene. Terminar este libro no hubiera sido posible sin tu infinito amor y apoyo. Me has enseñado mucho. Sé que, dondequiera que estés, estás orgullosa de mí. Te quiero.

**De Rebecca**

Un enorme agradecimiento a mi compañero Philip, mis padres, Elaine y Clive, y mi hermano, Freddie. Vuestro amor y energía me ayudan a mantenerme con los pies en la tierra. Me recordáis día a día que debo dar lo mejor de mí y seguir avanzando sin mirar atrás. A mis amigos y compañeros de la escuela primaria George Jay, gracias por vuestro continuo apoyo y por sacarme siempre una sonrisa.

### De nosotros dos

A Holly Clark por su visión, dedicación y apoyo. No tenemos palabras para expresar nuestro agradecimiento. A Erin Casey y a su magnífico equipo de edición y diseño: ¡gracias por haber podido contar con vuestra experiencia en este increíble viaje! Un agradecimiento especial a los amigos que nos prestaron su pensamiento crítico, voz, orientación y apoyo para hacer realidad este libro: Petra Eggert, Maggie Hultman, Austin Kjorven, Marla Margetts, Bianca McEwen, Nadine McIntyre, Sarah McLeod, Kelli Meredith, Kath Murdoch, Lorraine Powell, Dave Shortreed y Jane Spies. Y a las familias que comparten sus alumnos con nosotros todos los días, les estamos eternamente agradecidos.

# BIBLIOGRAFÍA

*Focus on Inquiry: A teacher's guide to implementing inquiry-based learning*. Edmonton: Alberta Learning, 2004. https://open.alberta.ca/publications/0778526666

Kaufman, Josh. *The First 20 Hours: How to Learn Anything*. Vídeo de YouTube. 19:27. Marzo 14, 2013. Retrieved from: https://www.youtube.com/watch?v=5MgBikgcWnY

McTighe, Jay, and Grant Wiggins. Understanding by Design. Alexandria, VA: Association for Supervision and Curriculum Development, 2005.

Murdoch, Kath. *The Power of Inquiry: Teaching and learning with curiosity, creativity and purpose in the contemporary classroom*. Melbourne, Australia: Seastar Education, 2015.

Rose, David H., Anne Meyer, Nicole Strangman, & Gabrielle Rappolt. Teaching Every Student in the Digital Age: Universal Design for Learning. Alexandria, VA: ASCD, 2002.

Rothstein, Dan, and Luz Santana. Make Just One Change: Teach Students to Ask Their Own Questions. Cambridge, MA: Harvard Education Press, 2011.

Thornburg, David D. Campfires in Cyberspace: Primordial Metaphors for Learning in the 21st Century. Lake Barrington, IL: Thornburg Centre, 2007. https://www.thepeakacademy.org/downloads/thePeakAcademy/campfires.pdf.

"What Is Inclusive Education?" InclusionBC. Accessed October 15, 2017. https://inclusionbc.org/our-resources/what-is-inclusive-education/

Wideen, Karen. *Innovate with iPad: Lessons to Transform Learning*. Irvine, CA: EdTechTeam Press, 2016.

# SOBRE LOS AUTORES

**TREVOR MACKENZIE** es profesor autor, ponente y consultor con gran experiencia en el mundo de la enseñanza. Ha trabajado en colegios de Australia, Asia, Norteamérica, Sudáfrica y Europa. Su pasión consiste en ayudar a los colegios a aplicar las prácticas educativas basadas en la indagación. Es un ponente muy respetado, reconocido por su sinceridad al narrar sus experiencias, su amabilidad y su filosofía de dar prioridad a los alumnos.

Su investigación de posgrado se centró en la identificación y eliminación de las barreras que surgen al aplicar el aprendizaje basado en la indagación. Actualmente, imparte clases en el *Greater Victoria School District* en Victoria, Canadá. Ha publicado dos libros: *Sumérgete en la indagación* y *Mentalidad de indagación*, ambos publicadas por Elevate Books Edu. Tiene una amplia experiencia en el apoyo e implantación de estrategias de indagación en colegios públicos, colegios internacionales y programas de Bachillerato Internacional (Programa de la Escuela Primaria -PEP-, Programa de los Años Intermedios -PAI- y Programa Diploma -PD-).

**Contacto:**
**trevormackenzie.com**
**trevormackenzie.com/contact**
**@trev_mackenzie**
**@tntmackenzie**

**REBECCA BUSHBY** es profesora de francés de Infantil en el distrito escolar de Greater Victoria (Columbia Británica, Canadá). Le apasiona capacitar a los alumnos para que formulen preguntas relacionadas con sus intereses y pasiones. Se basa en sus curiosidades y preguntas para desarrollar una mentalidad de indagación. Ávida dibujante de *sketchnotes*, Rebecca es también una bloguera muy activa en la comunidad educativa.

Junto con Trevor MacKenzie ha publicado *Mentalidad de Indagación: Cómo fomentar los sueños, las preguntas y las curiosidades de nuestros alumnos más pequeños* publicado por Elevate Books Edu.

**Contacto:**
**Blog: rebeccabathursthunt.com**
**@rbathursthunt**
**rbathurst@sd61learn.ca**

## REVISIÓN TRADUCCIÓN ESPAÑOLA

**JACQUES SIMON**, docente y traductor con amplia experiencia en el mundo de la enseñanza y la traducción. Licenciado en Filología Francesa, ha impartido clase en centros educativos (Colegios Ramón y Cajal, Instituto de Empresa), organizaciones (Aemet, Iberdola, Peugeot, Ferrovial, Sacyr...) o instituciones (Ministerio de Defensa) tanto en España como en el extranjero (Argentina, Vietnam). Siempre a la escucha de las necesidades del alumnado, concibe la enseñanza como una actividad participativa y dinámica.

Compagina su trabajo como docente con labores de traducción, consciente de que los idiomas son sin duda la forma más importante de comunicarse con el mundo.

**LAURA CRISTINA PÉREZ DE LEÓN** Coordinadora PEP (Bachillerato Internacional -IB-) en Colegios Ramón y Cajal.

He disfrutado la lectura de este primer libro de Trevor traducido al castellano.

Mi tarea se ha limitado a garantizar que recoge con exactitud el modelo de INDAGACIÓN, tanto en su vertiente teórica como en el conjunto de actividades que recomienda para el profesor y sus alumnos. De ahí, las modificaciones efectuadas.

He asistido al taller impartido en nuestro colegio y a varias de sus sesiones online. Espero que el libro facilite al profesor de habla hispana la aplicación de la metodología en el aula y así consiga los objetivos críticos del proceso de INDAGACIÓN.

# MAS´ DE ELEVATE BOOKS EDU

ELEVATEBOOKSEDU.COM

### Sumérgete en la Indagación
*Amplify Learning and Empower Student Voice*
De Trevor MacKenzie

*Sumérgete en la indagación* combina a la perfección la voz y la elección de la indagación con la estructura y el apoyo necesario para optimizar el aprendizaje. Gracias a *Sumérgete en la indagación* conseguirás una comprensión sobre cómo apoyar mejor a tus alumnos a medida que cambian de un modelo de aprendizaje tradicional a la indagación en el aula, donde se fomenta y celebra la agencia del alumno todos y cada uno de los días.

### Mentalidad de Indagación
*Nurturing the Dreams, Wonders, and Curiosities of Our Youngest Learners*
De Trevor MacKenzie y Rebecca Bushby

*Mentalidad de indagación* ofrece un viaje muy accesible a través de la indagación en los cursos con alumnos más pequeños. Aprende cómo empoderar a tus alumnos, incrementar su implicación y acelerar el aprendizaje aprovechando el poder de la curiosidad. A través de ejemplos prácticos y una guía para la indagación paso a paso, Trevor MacKenzie y Rebecca Bushby convierten el aprendizaje basado en la indagación en algo sencillo.

### Mentalidad de Indagación: Edición de Evaluación
*Scaffolding a Partnership for Equity and Agency in Learning - Assessment Edition*
De Trevor MacKenzie

Trevor investiga en profundidad a medida que examina el rol de la evaluación en la educación a través del co-diseño y la co-construcción con los alumnos. En *Mentalidad de Indagación: Edición de Evaluación*, resume las creencias, los valores y el marco que permite a los profesores he outlines the beliefs, values, and frameworks that allow teachers andamiar las evaluaciones con la voz, comprensión y autonomía de los alumnos.

### Getting Personal with Inquiry Learning

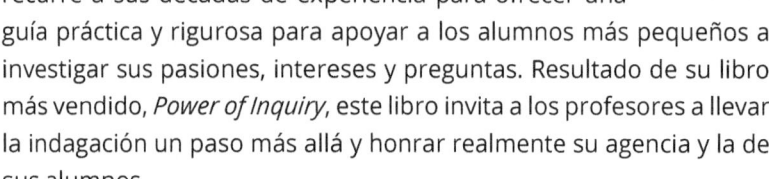

*Guiding Learners' Explorations of Personal Passions, Interests and Questions*
De Kath Murdoch

En *Getting Personal with Inquiry Learning*, Kath Murdoch, experta reconocida mundialmente en indagación, recurre a sus décadas de experiencia para ofrecer una guía práctica y rigurosa para apoyar a los alumnos más pequeños a investigar sus pasiones, intereses y preguntas. Resultado de su libro más vendido, *Power of Inquiry*, este libro invita a los profesores a llevar la indagación un paso más allá y honrar realmente su agencia y la de sus alumnos.

### From Agency to Zest

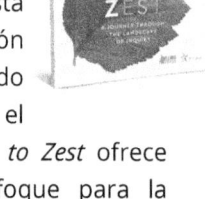

*A Journey through the Landscape of Inquiry*
De Kath Murdoch

Las palabras maravillosas que provocan ideas en esta exploración del aprendizaje basado en la indagación encarnan la esencia de la indagación. Diseñado para utilizarlo al iniciar la reflexión y provocar el diálogo profesional entre educadores, *From Agency to Zest* ofrece conocimientos sobre la indagación como un enfoque para la enseñanza y el aprendizaje. Además de las explicaciones ofrecidas a lo largo de todo el libro, Murdoch ofrece consejos prácticos sobre cómo apoyar y profundizar las experiencias de aprendizaje profesional dentro y fuera de los colegios.

### The AI Infused Classroom

*Inspiring Ideas to Shift Teaching and Maximize Meaningful Learning in the World of AI*

De Holly Clark

Con la mentalidad, las preguntas y las estrategias correctas puedes utilizar la IA para crear y ampliar experiencias de aprendizaje significativas para cada alumno. En *The AI Infused Classroom*, Holly Clark señala que los alumnos, ahora más que nunca, necesitan docentes bien formados capaces de garantizar el uso de la IA. Este libro te dota para navegar la iteración más reciente de la tecnología educativa.

### The Google Infused Classroom

*A Guidebook to Making Thinking Visible and Amplifying Student Voice*

De Holly Clark and Tanya Avrith

Este libro, maravillosamente diseñado, ofrece una guía sobre cómo utilizar la tecnología para diseñar una enseñanza que permita a los alumnos mostrar su pensamiento, demostrar su aprendizaje y compartir su trabajo (¡y voz!) con audiencias reales. *The Google Infused Classroom* te dotará para empoderar a tus alumnos para utilizar la tecnología de formas significativas y prepararlos para el futuro.

### The Microsoft Infused Classroom

*A Guidebook to Making Thinking Visible and Amplifying Student Voice*

De Holly Clark and Tanya Avrith

Lleno de ideas que puedes utilizar en el aula mañana mismo, *The Microsoft Infused Classroom*, te ofrece herramientas poderosas que ponen el aprendizaje en primer lugar. Expertos en tecnología educativa, liderados por Holly Clark y Tanya Avrith, te muestran cómo utilizar la tecnología para incrementar la implicación en el aula y ofrecer a los alumnos oportunidades auténticas para compartir su trabajo y su voz.

### The Chromebook Infused Classroom

*Using Blended Learning to Create Engaging, Student-Centered Classrooms*
De Holly Clark

Holly Clark, formadora y experta en Tecnología Educativa, actúa como guía para utilizar los Chromebooks de forma eficaz en el aula. Al igual que con otros libros de la serie *Infused Classroom*, *The Chromebook Infused Classroom* se basa en prácticas pedagógicas demostradas para crear experiencias de aprendizaje motivadoras y significativas para los alumnos de hoy en día. Gracias a la gran cantidad de herramientas, ideas e instrucciones paso a paso, este libro te prepara para empoderar a tus alumnos para el aprendizaje -y para la vida.

### The InterACTIVE Classroom

*Using Technology to Make Learning more Relevant and Engaging in the Elementary Classroom*
De Joe and Kristin Merrill

En este libro práctico y lleno de ideas, los coautores Joe y Kristin Merrill, profesores, expertos en tecnología educativa comparten su guía de trabajo personal para crear un aula interACTIVA. Encontrarás formas nuevas de inspirar a los alumnos más pequeños para crecer y desarrollar el coraje a medida que amplían su pensamiento y sus habilidades.

### Sketchnotes for Educators

*100 Inspiring Illustrations for Lifelong Learners*
De Sylvia Duckworth

Sylvia Duckworth es una profesora canadiense cuyos *sketchnotes* son un éxito rotundo en las redes sociales. Sus dibujos ofrecen claridad y fomentan el diálogo en múltiples temas relacionados con la educación. Este libro contiene 100 de sus *sketchnotes* más populares con enlaces a las descargas originales que pueden utilizarse en el aula o compartirse con colegas. Intercalados a lo largo del libro encontraréis las reflexiones de Sylvia en cada dibujo y lo que le motivó a crearlos, además de los comentarios de otros educadores que inspiraron los *sketchnotes*.

### How to Sketchnote
*Visual Note-taking Made Easy*
De Sylvia Duckworth

Sylvia Duckworth, docente e internacionalmente reconocida por sus *sketchnotes* convierte las ideas en algo fácil de recordar y compartir gracias a estos dibujos sencillos, pero de alto potencial. En *How to Sketchnote,* explica cómo puedes crear sketchnotes en el aula y que no es necesario que seas un artista para descubrir los beneficios de ... ¡hacer garabatos!

### 40 Ways to Inject Creativity into Your Classroom with Adobe Spark
De Ben Forta and Monica Burns

Ben Forta y Monica Burns, docentes experimentados, ofrecen una guía paso a paso sobre cómo incorporar esta poderosa herramienta en tu aula de manera efectiva y con impacto. Ofrecen 40 planificaciones de clase prácticas, atractivas y divertidas que se pueden adaptar a una gran variedad de edades y materias, así como 15 organizadores gráficos para ponerse manos a la obra. Gracias a los consejos, sugerencias y los estímulos incluidos en este libro encontrarás todo lo que necesitas para inyectar creatividad en tu aula utilizando Adobe Spark.

### The HyperDoc Handbook
*Digital Lesson Design Using Google Apps*
De Lisa Highfill, Kelly Hilton, and Sarah Landis

*The HyperDoc Handbook* es una guía de referencia práctica para todos los docentes desde infantil a secundaria que quieran transformar su enseñanza en entornos ideales de aprendizaje. *The HyperDoc Handbook* es un libro muy vendido que ofrece el equilibro perfecto entre la pedagogía y los consejos sobre cómo trabajar, además de ofrecer planificaciones de clase listas para utilizar para que puedas comenzar desde ya mismo con *HyperDocs*.

www.ingramcontent.com/pod-product-compliance
Lightning Source LLC
Chambersburg PA
CBHW071156130626
46553CB00004B/1683